学ぶ人は、変えてゆく人だ。

、人は学ぶ。

「学び」で、

少しずつ世界は変えてゆける。

いつでも、どこでも、誰でも、

学ぶことができる世の中へ。

旺文社

漢検ポケット でる順 一問一答 2級 改訂版

旺文社

もくじ

でる度★

付録 ※付録は、最終ページから始まります。裏表紙から読んでください。

編集協力　株式会社友人社
校正　そらみつ企画・加田祐衣・山本咲子
装丁デザイン　ライトパブリシティ（大野瑞生）
本文デザイン　有限会社アチワデザイン室・作間達也
本文イラスト　三木謙次

漢検とは

●漢字検定（漢検）とは　※2022年1月現在

本書が目指す「漢字検定（漢検）」とは、公益財団法人日本漢字能力検定協会が主催する「日本漢字能力検定」のことです。漢字検定は１級から、準１級・準２級を含む10級までの12段階に分かれています。

●受検資格

年齢・学歴などにかかわらず、だれが何級を受検してもかまいません。検定時間が異なれば４つの級まで受検できます。受検には個人受検・団体受検・漢検CBT受検（9ページ参照）の３つがあります。

●出題対象となる漢字

漢字検定では、それぞれの級に定められた出題範囲があります。それぞれの級で新たに出題対象となる漢字を配当漢字といい、当該級はそれ以下の級の配当漢字も出題範囲に含まれることが原則です。

２級では、小・中・高校で習う常用漢字2136字すべてが出題の対象となります。

問い合わせ先
公益財団法人　日本漢字能力検定協会
本部　〒605-0074
京都府京都市東山区祇園町南側551番地
TEL.075-757-8600
FAX.075-532-1110
URL　https://www.kanken.or.jp/

●おもな対象学年と出題内容

<table>
<tr><th>内容／級</th><th>レベル</th><th>漢字の書取</th><th>誤字訂正</th><th>同音・同訓異字</th><th>四字熟語</th><th>対義語・類義語</th><th>送り仮名</th><th>熟語の構成</th><th>部首・部首名</th><th>筆順・画数</th><th>漢字の読み</th><th>検定時間</th><th>検定料</th></tr>
<tr><td rowspan="2">2</td><td rowspan="2">高校卒業
・
大学
・
一般程度</td><td>○</td><td>○</td><td>○</td><td>○</td><td>○</td><td>○</td><td>○</td><td>○</td><td></td><td>○</td><td rowspan="2">60分</td><td rowspan="2">3500円</td></tr>
<tr><td colspan="10">対象漢字数
2136字（準2級までの対象漢字1951字＋
2級配当漢字185字）
※高等学校で習う読みを含む</td></tr>
<tr><td rowspan="2">準2</td><td rowspan="2">高校在学程度</td><td>○</td><td>○</td><td>○</td><td>○</td><td>○</td><td>○</td><td>○</td><td>○</td><td></td><td>○</td><td rowspan="2">60分</td><td rowspan="2">2500円</td></tr>
<tr><td colspan="10">対象漢字数
1951字（3級までの対象漢字1623字＋
準2級配当漢字328字）
※高等学校で習う読みを含む</td></tr>
<tr><td rowspan="2">3</td><td rowspan="2">中学校
卒業
程度</td><td>○</td><td>○</td><td>○</td><td>○</td><td>○</td><td>○</td><td>○</td><td>○</td><td></td><td>○</td><td rowspan="2">60分</td><td rowspan="2">2500円</td></tr>
<tr><td colspan="10">対象漢字数
1623字（4級までの対象漢字1339字＋
3級配当漢字284字）
※中学校で習う読みを含む</td></tr>
<tr><td rowspan="2">4</td><td rowspan="2">中学校
在学
程度</td><td>○</td><td>○</td><td>○</td><td>○</td><td>○</td><td>○</td><td>○</td><td>○</td><td></td><td>○</td><td rowspan="2">60分</td><td rowspan="2">2500円</td></tr>
<tr><td colspan="10">対象漢字数
1339字（5級までの対象漢字1026字＋
4級配当漢字313字）
※中学校で習う読みを含む</td></tr>
<tr><td rowspan="2">5</td><td rowspan="2">小学校
6年生
修了程度</td><td>○</td><td>○</td><td>○</td><td>○</td><td>○</td><td>○</td><td>○</td><td>○</td><td>○</td><td>○</td><td rowspan="2">60分</td><td rowspan="2">2000円</td></tr>
<tr><td colspan="10">対象漢字数
1026字（6級までの対象漢字835字＋
5級配当漢字191字）
※中学校で習う読みは含まない</td></tr>
</table>

●漢字検定２級の審査基準

程 度	すべての常用漢字を理解し、文章の中で適切に使える。
領域・内容	《読むことと書くこと》 すべての常用漢字の読み書きに習熟し、文章の中で適切に使える。 ・音読みと訓読みとを正しく理解していること ・送り仮名や仮名遣いに注意して正しく書けること ・熟語の構成を正しく理解していること ・熟字訓、当て字を理解していること（海女／あま、玄人／くろうと　など） ・対義語、類義語、同音・同訓異字などを正しく理解していること 《四字熟語》 典拠のある四字熟語を理解している（鶏口牛後、呉越同舟　など）。 《部首》 部首を識別し、漢字の構成と意味を理解している。

●漢字検定２級の採点基準

字の書き方	正しい筆画で明確に書きましょう。くずした字や乱雑な書き方は採点の対象外です。
字種・字体・読み	２～10級の解答は、内閣告示「常用漢字表」（平成22年）によります。 旧字体での解答は不正解となります。
仮名遣い	内閣告示「現代仮名遣い」によります。
送り仮名	内閣告示「送り仮名の付け方」によります。
部首	『漢検要覧　２～10級対応』（公益財団法人日本漢字能力検定協会）収録の「部首一覧表と部首別の常用漢字」によります。
合格基準	合格のめやすは、正答率80％程度です。200点満点ですから、160点以上とれれば合格の可能性大です。

●許容の範囲

印刷物は一般的に明朝体と呼ばれる字体のものが多く、楷書体とは活字デザイン上若干の違いがあります。検定試験では、画数の変わってしまう書き方は不正解ですが、「つける・はなす」「はねる・とめる」など、解答として許容されるものがあります。これは、「常用漢字表」の「(付)字体についての解説」に取り上げられており、「明朝体の字形と筆写の楷書の字形との間には、いろいろな点で違いがある。それらは、印刷文字と手書き文字におけるそれぞれの習慣の相違に基づく表現の差と見るべきもの」と記されています。

以下、明朝体と楷書体の差異に関する例の一部を「常用漢字表」から抜粋します。検定試験ではどちらで書いても正解となります。

①長短に関する例

無→無＝無

②方向に関する例

主→主＝主

③つけるか、はなすかに関する例

月→月＝月

④はらうか、とめるかに関する例

骨→骨＝骨

⑤はねるか、とめるかに関する例

糸→糸＝糸

⑥その他

令→令＝令

漢検受検ガイド

●公開会場

検定日　原則として毎年、６月・10月・翌年２月の日曜日の年３回。申し込み期間は、検定日の約３か月前から約１か月前。

検定会場　全国主要都市および海外主要都市。

申し込み方法

①インターネットで申し込み

日本漢字能力検定協会（以下漢検協会）のホームページ（https://www.kanken.or.jp/）の申し込みフォームにアクセスし、必要事項を入力。クレジットカード決済などで検定料を支払います。

②コンビニで申し込み

指定のコンビニに設置された端末機で申し込み手続きを行い、レジにて検定料を支払います。

③取り扱い書店で申し込み

取り扱い書店で検定料を支払い、願書などを受け取り、必要事項を記入の上、必着日までに協会へ郵送します。

＊①～③以外にも、取り扱い機関（新聞社など）で申し込む方法があります。

いずれの場合も、検定日の約１週間前に受検票が届きます。１級・準１級・２級・準２級は受検票に顔写真を貼る必要があります。

●検定試験当日に持参するもの

検定試験当日には、①受検票、②消しゴム、③筆記用具（HB・B・2Bえんぴつ、シャープペンシル）を必ず持っていきましょう。万年筆やボールペンは不可で、腕時計・ルーペは持ち込み可となっています。

●合否の通知

検定日の約30日後から漢検ホームページにて合否結果を確認できます。また、検定日の約40日後に、合格者には合格証書・合格証明書・検定結果通知が、不合格者には検定結果通知が届きます。

漢検CBT（コンピュータ・ベースド・テスティング）

漢検CBTとは、コンピュータを使って受検するシステムのことです。合格すると従来の検定試験と同じ資格を取得することができます。漢検CBTで受検できるのは2～7級で、検定料は従来の検定試験と同じ、申し込みはインターネットからのみです。

通常の（紙での）検定試験とのちがいは、実施回数です。検定試験が年3回であるのに対し、漢検CBTは年末年始を除き毎日実施しています（実施日と試験時間は会場によって異なります）。

試験会場は47都道府県、150箇所以上に設置されています。また、合否の結果が約10日でわかるので非常にスピーディといえます。

※詳しい情報は、漢検協会のホームページをご確認ください。

本書の特長

特長①　よく出る問題だけを収録

合格に必要な実力養成のために、過去の検定試験の出題データを約18年分独自に分析し、繰り返し出題された頻度の高い問題だけを取り上げて編集・構成しました。

よく出る問題だけに的をしぼって、効率的に学習できます。収録している問題は、いずれもマスターしておきたい問題です。

特長②　3段階の「でる順」で効果的に学習

本書は、出題データの分析結果にもとづき、よく出題される「でる度」の高い問題から順に3段階で構成しています。「でる度」は、★の数で示してあります。

出題分野ごとに「でる順」で並んでいますので、最初から学習するほど効果的に実力をつけられます。

特長③　巻末付録「漢字資料」

資料として「２級配当漢字表」「準２級配当漢字表」「おもな特別な読み、熟字訓・当て字」も巻末に収録しています。学習の確認・整理に活用してください。

特長④　ダウンロード特典

模擬試験２回分（解答付き）と原寸大解答用紙を無料でダウンロードできます。巻末の模擬試験とあわせて、本番前の実践対策として活用してください。

[ご利用方法]

以下のURLまたはQRコードからアクセスし、「漢検」カテゴリの該当級をダウンロードしてください。

URL：https://www.obunsha.co.jp/support/tokuten/

※サービスは予告なく終了する場合があります。

●紙面構成

でる度

出題頻度の高い問題から順に、★★★ ★★★ ★★★ の3段階で構成しています。

出題分野名

でる度 ★★★

読み❶

次の――線の漢字の読みをひらがなで記せ。

□ **01** 寄付は金額の多寡を問わない。（　　）

□ **02** 安閑としてはいられない状況だ。（　　）

□ **03** 禍根を残す結果となった決勝戦。（　　）

□ **04** 恩師に処女作品集を献本する。（　　）

□ **05** 浄化槽の汚泥を処理する施設。（　　）

□ **06** 漸進的な解決策を打ち出す。（　　）

□ **07** 広狭差がある道路の交差点。（　　）

□ **08** 飼い犬が全然懐いてくれない。（　　）

□ **09** 例に倣って書きなさい。（　　）

□ **10** 赤ん坊が元気な産声をあげた。（　　）

14

チェックボックス

間違えた問題に印を付けて復習できます。

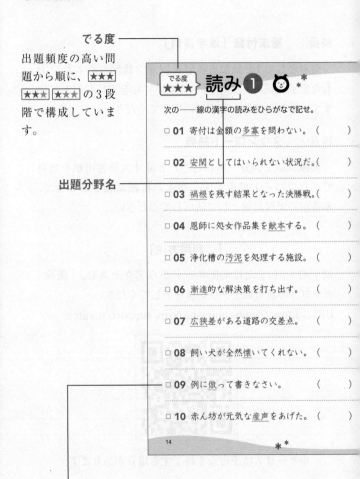

合格点

合格ラインは正答率80%です。

合格点 8/10 得点 /10

解答	解説
01（　たか　）	多いか少ないか。多少。 他例 寡聞《かぶん》・寡欲《かよく》・衆寡《しゅうか》・寡占《かせん》
02（あんかん）	気楽なさま。何もしないでいる状態。 他例 閑却《かんきゃく》・繁閑《はんかん》・閑古鳥《かんこどり》・等閑視《とうかんし》
03（　かこん　）	わざわいのもと。 他例 舌禍《ぜっか》・惨禍《さんか》・災禍《さいか》・筆禍《ひっか》
04（けんぽん）	書物をさし上げること。また、その書物。 他例 一献《いっこん》・文献《ぶんけん》・献金《けんきん》・貢献《こうけん》
05（　おでい　）	きたない泥。 他例 拘泥《こうでい》・雲泥《うんでい》・泥炭《でいたん》・泥酔《でいすい》
06（ぜんしん）	段階を追って進むこと。しだいに進歩すること。 他例 漸増《ぜんぞう》・漸次《ぜんじ》・漸減《ぜんげん》
07（こうきょう）	広いことと、狭いこと。 他例 狭義《きょうぎ》・狭量《きょうりょう》・狭小《きょうしょう》
08（　なつ　）	懐く＝子供や小動物などがなれて親しくつきまとう。 他例 懐《ふところ》・懐《なつ》かしい
09（　なら　）	倣う＝すでにある物事を基準や手本として、まねる。
10（うぶごえ）	生まれた時に初めて出す声。 他例 産着《うぶぎ》・産毛《うぶげ》・産湯《うぶゆ》

読み　部首　熟語の構成　四字熟語　対義語・類義語　同音・同訓異字　誤字訂正　送り仮名　書き取り

15

得点

自分の得点を記入しましょう。すべて1問1点です。

解説

漢字の知識・理解を深められるよう、解説を充実させました。問題の漢字や熟語の意味、部首名などを解説しています。

他例　過去に出題された同じ漢字の他の問題例や、同じ部首を持つ出題範囲内の漢字

注意　間違えやすいポイントなど、問題を解く上での注意点

でる度
★★★

読み 1

次の――線の漢字の読みをひらがなで記せ。

□ **01** 寄付は金額の多寡を問わない。（　　　）

□ **02** 安閑としてはいられない状況だ。（　　　）

□ **03** 禍根を残す結果となった決勝戦。（　　　）

□ **04** 恩師に処女作品集を献本する。（　　　）

□ **05** 浄化槽の汚泥を処理する施設。（　　　）

□ **06** 漸進的な解決策を打ち出す。（　　　）

□ **07** 広狭差がある道路の交差点。（　　　）

□ **08** 飼い犬が全然懐いてくれない。（　　　）

□ **09** 例に倣って書きなさい。（　　　）

□ **10** 赤ん坊が元気な産声をあげた。（　　　）

合格点	得点
8/10	/10

でる度 ★★★ ★★ ★

解答	解説
01（ たか ）	多いか少ないか。多少。 他例 寡聞《かぶん》・寡欲《かよく》・衆寡《しゅうか》・寡占《かせん》
02（ あんかん ）	気楽なさま。何もしないでいる状態。 他例 閑却《かんきゃく》・繁閑《はんかん》・閑古鳥《かんこどり》・等閑視《とうかんし》
03（ かこん ）	わざわいのもと。 他例 舌禍《ぜっか》・惨禍《さんか》・災禍《さいか》・筆禍《ひっか》
04（ けんぽん ）	書物をさし上げること。また、その書物。 他例 一献《いっこん》・文献《ぶんけん》・献金《けんきん》・貢献《こうけん》
05（ おでい ）	きたない泥。 他例 拘泥《こうでい》・雲泥《うんでい》・泥炭《でいたん》・泥酔《でいすい》
06（ ぜんしん ）	段階を追って進むこと。しだいに進歩すること。 他例 漸増《ぜんぞう》・漸次《ぜんじ》・漸減《ぜんげん》
07（こうきょう）	広いことと、狭いこと。 他例 狭義《きょうぎ》・狭量《きょうりょう》・狭小《きょうしょう》
08（ なつ ）	懐く＝子供や小動物などがなれて親しくつきまとう。 他例 懐《ふところ》・懐《なつ》かしい
09（ なら ）	倣う＝すでにある物事を基準や手本として、まねる。
10（ うぶごえ ）	生まれた時に初めて出す声。 他例 産着《うぶぎ》・産毛《うぶげ》・産湯《うぶゆ》

でる度
★★★

読み②

次の——線の漢字の読みをひらがなで記せ。

□ **01** 長年続いた悪弊を断ち切る。（　　）

□ **02** 音訓索引を用いて漢字を調べる。（　　）

□ **03** 彼は自己顕示欲が強すぎる。（　　）

□ **04** 結果を厳粛に受け止める。（　　）

□ **05** 消費者に利益を還元する。（　　）

□ **06** 日本代表の壮行試合を観戦する。（　　）

□ **07** 扉にきちんと施錠する。（　　）

□ **08** 髪の生え際が気になる。（　　）

□ **09** 彼は同僚から疎んじられている。（　　）

□ **10** 父は肝が据わった男だ。（　　）

合格点 **8**/10 得点 /10

一番よくでるよ！

でる度 ★★★

解答	解説
01 （ あくへい ）	悪いならわし。 ［他例］弊社《へいしゃ》・疲弊《ひへい》・宿弊《じゅくへい》・病弊《びょうへい》
02 （ さくいん ）	文中の事項を探しやすく集めた一覧。 ［他例］思索《しさく》・探索《たんさく》・捜索《そうさく》・検索《けんさく》
03 （ けんじ ）	自己顕示欲《じこけんじよく》＝自分の存在を他人の前で目立たせようとする欲求。 ［他例］露顕《ろけん》・顕著《けんちょ》・顕彰《けんしょう》
04 （げんしゅく）	おごそかで心のひきしまるさま。 ［他例］粛然《しゅくぜん》・粛々《しゅくしゅく》・静粛《せいしゅく》・自粛《じしゅく》
05 （ かんげん ）	もとの形・状態・性質に戻ること。 ［他例］奪還《だっかん》・召還《しょうかん》・還暦《かんれき》・返還《へんかん》
06 （ そうこう ）	旅立つ人を元気づけ、はげますこと。 ［他例］壮図《そうと》・豪壮《ごうそう》・勇壮《ゆうそう》・悲壮《ひそう》
07 （ せじょう ）	鍵をかけること。 ［他例］施主《せしゅ》・布施《ふせ》
08 （ ぎわ ）	生《は》え際《ぎわ》＝髪の生えている所と生えていない所との境目。 ［他例］瀬戸際《せとぎわ》・際《きわ》どい・手際《てぎわ》・際立《きわだ》つ
09 （ うと ）	疎んじる＝冷淡にあしらう。
10 （ す ）	肝《きも》が据《す》わる＝どんな時でも落ち着いていて驚かない。

でる度 ★★★

読み③

次の——線の漢字の読みをひらがなで記せ。

□ **01** ダムが枯渇して湖底が見える。（　　　）

□ **02** 先代の余薫をこうむる。（　　　）

□ **03** 税金納付の督促状が来た。（　　　）

□ **04** 動物には帰巣性が備わっている。（　　　）

□ **05** 情景描写が秀逸な小説を読む。（　　　）

□ **06** 経験の有無や巧拙は問いません。（　　　）

□ **07** 彼は文学に通暁している。（　　　）

□ **08** 糸が絡んでほどけない。（　　　）

□ **09** 世間では縁起を担ぐことが多い。（　　　）

□ **10** 風邪を患って三日間寝込む。（　　　）

合格点	得点
8/10	/10

でる度 ★★★ ★★ ★

解答	解説
01 (こかつ)	水がかれたり物が尽きたりすること。 他例 渇望《かつぼう》・渇水《かっすい》
02 (よくん)	先人のおかげで得る幸福。 他例 薫陶《くんとう》・薫風《くんぷう》
03 (とくそく)	早くするようにうながすこと。せきたてること。 他例 督励《とくれい》・家督《かとく》・監督《かんとく》
04 (きそう)	帰巣性《きそうせい》＝動物が、遠く離れた巣や繁殖地に帰ってくる性質。帰巣本能。 他例 営巣《えいそう》・卵巣《らんそう》・病巣《びょうそう》
05 (しゅういつ)	他よりずば抜けてすぐれていること。 他例 散逸《さんいつ》・逸品《いっぴん》・逸材《いつざい》・逸《いっ》する
06 (こうせつ)	上手なことと、下手なこと。 他例 稚拙《ちせつ》・拙宅《せったく》・拙速《せっそく》
07 (つうぎょう)	非常に詳しく知りぬいていること。 他例 払暁《ふつぎょう》・早暁《そうぎょう》
08 (から)	絡む＝巻き付いて離れなくなる。からまる。
09 (かつ)	縁起《えんぎ》を担《かつ》ぐ＝縁起のよい・悪いを気にする。 他例 担《にな》う
10 (わずら)	患う＝病気にかかる。 他例 長患《ながわずら》い

でる度 ★★★

読み④

次の――線の漢字の読みをひらがなで記せ。

□ 01 頭上で旋回するヘリコプター。（　　　）

□ 02 俊傑な弟子に恵まれる。（　　　）

□ 03 犯人を激しく憎悪する。（　　　）

□ 04 来場者全員に粗品を進呈する。（　　　）

□ 05 政界と財界の癒着が目に余る。（　　　）

□ 06 条例の撤廃を強く求める。（　　　）

□ 07 倉庫から脚立を出す。（　　　）

□ 08 敵の計略にまんまと陥る。（　　　）

□ 09 不用意な発言が物議を醸した。（　　　）

□ 10 筒の端をのぞいて遠くを見る。（　　　）

合格点	得点
8/10	/10

解答 / 解説

01 (せんかい)
航空機が左や右に進路を変えること。
他例 旋風《せんぷう》・旋律《せんりつ》・周旋《しゅうせん》

02 (しゅんけつ)
才能や知恵が人よりすぐれていること。また、その人。
他例 俊才《しゅんさい》・俊敏《しゅんびん》

03 (ぞうお)
にくみ、きらうこと。
他例 悪寒《おかん》・好悪《こうお》・嫌悪《けんお》

04 (しんてい)
人に物を差し上げること。
他例 露呈《ろてい》・呈《てい》する・贈呈《ぞうてい》・謹呈《きんてい》

05 (ゆちゃく)
あるべき関係を越えて、不正に深くつながり合うこと。
他例 平癒《へいゆ》・快癒《かいゆ》・治癒《ちゆ》

06 (てっぱい)
それまでの制度や法規などをとりやめること。
他例 廃屋《はいおく》・廃坑《はいこう》・統廃合《とうはいごう》・荒廃《こうはい》

07 (きゃたつ)
二つの短いはしごをつなげて上に台をつけた形の踏み台。

08 (おちい)
陥る＝よくない状態にはまり込む。
他例 陥れる

09 (かも)
物議《ぶつぎ》を醸《かも》す＝世間の論議をひき起こす。

10 (つつ)
まるくて細長く、中が空になっているもの。
他例 筒先《つつさき》・筒抜《つつぬ》け

でる度
★★★

読み 5

次の――線の漢字の読みをひらがなで記せ。

□ **01** 砕石を敷きつめて基礎を造る。（　　）

□ **02** 時代の奔流に飲み込まれる。（　　）

□ **03** 項目を逐次解説する。（　　）

□ **04** 災害による損害は激甚だ。（　　）

□ **05** 真冬の澄明な空を仰ぐ。（　　）

□ **06** 平城京への遷都を決定する。（　　）

□ **07** 旅先で懐郷の情に駆られる。（　　）

□ **08** 年端もゆかぬ子供が働く国。（　　）

□ **09** 名前と学歴を偽り働き続ける。（　　）

□ **10** 鮮やかな彩りの晴れ着。（　　）

合格点	得点
8/10	/10

でる度 ★★★

解答 / 解説

01 (さいせき)
石をくだくこと。また、くだいた石。
他例 粉砕《ふんさい》・砕氷《さいひょう》

02 (ほんりゅう)
激しい勢いのある流れ。
他例 狂奔《きょうほん》・奔走《ほんそう》・奔放《ほんぽう》

03 (ちくじ)
順を追って。順々。順次。
他例 角逐《かくちく》・放逐《ほうちく》・駆逐《くちく》

04 (げきじん)
程度が非常にはげしいさま。
他例 幸甚《こうじん》・甚大《じんだい》・深甚《しんじん》

05 (ちょうめい)
空気や水などが澄みきって明るいこと。
他例 清澄《せいちょう》

06 (せんと)
首都を他の地にうつすこと。
他例 変遷《へんせん》・左遷《させん》

07 (かいきょう)
故郷をなつかしく思うこと。
他例 懐柔《かいじゅう》・懐古《かいこ》・懐石《かいせき》・述懐《じゅっかい》

08 (としは)
年の程度。年齢。
他例 端数《はすう》・端役《はやく》・端境期《はざかいき》

09 (いつわ)
偽る＝事実と異なることを言ったりしたりする。
他例 偽《にせ》

10 (いろど)
彩り＝色のとりあわせ。おもしろさや華やかさ。

でる度 ★★★

読み⑥

次の――線の漢字の読みをひらがなで記せ。

□ 01 詩吟の師範代の資格を持つ。 (　　　)

□ 02 話題に入れず疎外感を味わう。 (　　　)

□ 03 ついに秘伝の技を会得した。 (　　　)

□ 04 荘重な音楽を鑑賞する。 (　　　)

□ 05 全校生徒で校歌を斉唱する。 (　　　)

□ 06 媒酌の労をお執りいただく。 (　　　)

□ 07 利用約款への同意が必要だ。 (　　　)

□ 08 薬を飲んで痛みが鎮まる。 (　　　)

□ 09 不正な行為を忌み嫌う。 (　　　)

□ 10 国家繁栄の礎を築く。 (　　　)

合格点 8/10 | 得点 /10

でる度 ★★★

解答	解説
01（しぎん）	漢詩に節をつけてうたうこと。 他例 吟味《ぎんみ》・苦吟《くぎん》・吟詠《ぎんえい》・独吟《どくぎん》
02（そがい）	よそよそしくしてのけものにすること。 他例 空疎《くうそ》・疎密《そみつ》・疎漏《そろう》・疎遠《そえん》
03（えとく）	じゅうぶんに理解して自分のものにすること。 他例 会釈《えしゃく》
04（そうちょう）	おごそかで重々しいこと。 他例 荘厳《そうごん》
05（せいしょう）	大勢の人が声をそろえて同じ旋律を歌うこと。 他例 均斉《きんせい》・一斉《いっせい》
06（ばいしゃく）	結婚をとりもつこと。また、その人。 他例 媒介《ばいかい》・媒体《ばいたい》
07（やっかん）	法令や契約などで定められた一つ一つの条項。 他例 借款《しゃっかん》・定款《ていかん》・落款《らっかん》
08（しず）	鎮まる＝体の痛みなどが和らぐ。
09（い）	忌《い》み嫌《きら》う＝憎んで避ける。不吉で縁起が悪いこととして避ける。 他例 忌《い》まわしい
10（いしずえ）	物事のもとになる大切なもの・こと・人。

でる度 ★★★

読み 7

次の——線の漢字の読みをひらがなで記せ。

□ **01** 乾漆技法により造られた仏像。（　　　）

□ **02** 冷徹な判断を迫られる。（　　　）

□ **03** 再発の懸念があると言われた。（　　　）

□ **04** 母親が子供に懇々と教え諭す。（　　　）

□ **05** 支援はまだ緒に就いたばかりだ。（　　　）

□ **06** まことに中庸を得た意見だ。（　　　）

□ **07** 緑青が付着している十円硬貨。（　　　）

□ **08** 通勤時間を読書に充てている。（　　　）

□ **09** 群衆に阻まれて前に進めない。（　　　）

□ **10** 自らを辱める行動をとるな。（　　　）

合格点	得点
8/10	/10

でる度 ★★★ ★★ ★

解答	解説
01 (かんしつ)	漆を用いた仏像などの製法。 他例 漆器《しっき》・漆黒《しっこく》
02 (れいてつ)	物事を冷静に深く見通していること。 他例 徹宵《てっしょう》・透徹《とうてつ》・徹夜《てつや》
03 (けねん)	気にかかって不安に思うこと。 他例 懸案《けんあん》・懸賞《けんしょう》・懸垂《けんすい》
04 (こんこん)	丁寧に繰り返して言うさま。 他例 懇意《こんい》・懇願《こんがん》・懇請《こんせい》
05 (しょ／ちょ)	緒《しょ》に就《つ》く＝物事が始まる。 他例 由緒《ゆいしょ》・内緒《ないしょ》
06 (ちゅうよう)	中庸《ちゅうよう》を得《え》る＝ほどよく調和がとれている。 他例 凡庸《ぼんよう》
07 (ろくしょう)	銅の表面にできる緑色のさび。 他例 紺青《こんじょう》・群青《ぐんじょう》
08 (あ)	充てる＝割り当てる。あることのために使う。
09 (はば)	阻む＝他の者の行く先をおさえてじゃまをする。
10 (はずかし)	辱める＝地位・名誉などに傷をつける。

でる度 ★★★

読み 8

次の――線の漢字の読みをひらがなで記せ。

□ 01 風霜に耐え忍んで暮らしている。（　　）

□ 02 春宵の一刻は値千金。（　　）

□ 03 容姿の美醜より性格を重視する。（　　）

□ 04 紛糾した事態を解決する。（　　）

□ 05 古くから紡績業が盛んな町。（　　）

□ 06 昨日は災難が続く厄日だった。（　　）

□ 07 傑出した才能を有している。（　　）

□ 08 二匹の子犬が戯れる。（　　）

□ 09 軟らかいご飯が好きだ。（　　）

□ 10 語学の才に秀でた学生がいる。（　　）

合格点	得点
8/10	/10

でる度 ★★★

解答 / 解説

01（ふうそう）
世の厳しい苦難のたとえ。
他例 星霜《せいそう》・霜害《そうがい》

02（しゅんしょう）
春宵《しゅんしょう》の一刻《いっこく》は値千金《あたいせんきん》＝春の夜は趣が深く、そのひとときはかえがたい価値があるということ。 他例 徹宵《てっしょう》

03（びしゅう）
美しいことと、醜いこと。
他例 醜聞《しゅうぶん》・醜悪《しゅうあく》

04（ふんきゅう）
物事がもつれ乱れること。もめること。
他例 糾明《きゅうめい》・糾弾《きゅうだん》

05（ぼうせき）
綿・毛などの繊維類を紡いで糸にすること。
他例 紡織《ぼうしょく》・混紡《こんぼう》

06（やくび）
よくないことが重なる日。
他例 厄介《やっかい》・災厄《さいやく》

07（けっしゅつ）
ずば抜けてすぐれていること。
他例 傑物《けつぶつ》・俊傑《しゅんけつ》・傑作《けっさく》

08（たわむ）
戯れる＝遊び興じる。

09（やわ）
軟らかい＝しんがなくて、ぐにゃぐにゃしている。

10（ひい）
秀でる＝非常にすぐれる。ぬきんでる。

でる度 ★★★

読み 9

次の――線の漢字の読みをひらがなで記せ。

□ **01** 窮余の一策をとった。（　　）

□ **02** 怠惰な生活習慣を心から恥じる。（　　）

□ **03** 天下統一の覇業を成し遂げる。（　　）

□ **04** 善行に対して褒美を与えた。（　　）

□ **05** 沼沢地に自生する水生植物。（　　）

□ **06** 展示品を実費で頒布する。（　　）

□ **07** 社員に諭旨退職の処分を下す。（　　）

□ **08** きれいな花で食卓を彩る。（　　）

□ **09** 野バラの枝に接ぎ木する。（　　）

□ **10** 読書は心の糧となる。（　　）

合格点	得点
8/10	/10

でる度 ★★★ ★★ ★

解答

解説

01 (きゅうよ)

窮余《きゅうよ》の一策《いっさく》＝苦し紛れに考え出した方法や手段。

他例 窮状《きゅうじょう》・窮迫《きゅうはく》・窮乏《きゅうぼう》・窮屈《きゅうくつ》

02 (たいだ)

なすべきこともせず、なまけること。

他例 惰性《だせい》・惰弱《だじゃく》・惰眠《だみん》

03 (はぎょう)

武力で天下を統一する事業。

他例 覇気《はき》・覇権《はけん》・制覇《せいは》・覇者《はしゃ》

04 (ほうび)

ほめて与える金品。

他例 褒賞《ほうしょう》

05 (しょうたく)

沼と沢。

他例 湖沼《こしょう》・池沼《ちしょう》

06 (はんぷ)

広く分けて配り、行き渡らせること。多くの人に分けること。

他例 頒価《はんか》

07 (ゆし)

わけをさとし説くこと。言い聞かせること。

他例 説諭《せつゆ》・教諭《きょうゆ》

08 (いろど)

彩る＝さまざまな色や物を取り合わせて飾る。

09 (つ)

接《つ》ぎ木《き》＝枝などを切り取って、他の植物の幹に接ぐこと。

10 (かて)

物事を豊かにし、活力を養うために必要なもの。

でる度 ★★★

部首 1

次の漢字の部首を記せ。

□ 01　嗣（　　　　）

□ 02　爵（　　　　）

□ 03　畝（　　　　）

□ 04　摩（　　　　）

□ 05　奔（　　　　）

□ 06　褒（　　　　）

□ 07　丙（　　　　）

□ 08　寧（　　　　）

□ 09　款（　　　　）

□ 10　缶（　　　　）

合格点	得点
8/10	/10

でる度 ★★★

解答 / **解説**

01（ 口 ）
くち
他例 呂・呉・唇・哀・吉

02（ 爫 ）
つめかんむり・つめがしら
他例 出題範囲では、爵のみ。

03（ 田 ）
た
他例 畏・畿・甲・畜・畳
注意 亠（なべぶた・けいさんかんむり）ではない。

04（ 手 ）
て
他例 拳・摯・掌・撃・承
注意 广（まだれ）ではない。

05（ 大 ）
だい
他例 爽・奨・契・奪・奉
注意 廾（こまぬき・にじゅうあし）ではない。

06（ 衣 ）
ころも
他例 衷・衰・袋・裂・襲
注意 亠（なべぶた・けいさんかんむり）ではない。

07（ 一 ）
いち
他例 丘・丈・与・並・不

08（ 宀 ）
うかんむり
他例 宛・寡・寛・宜・宰

09（ 欠 ）
あくび・かける
他例 欧・欺・歓・欲・欠

10（ 缶 ）
ほとぎ
他例 出題範囲では、缶のみ。

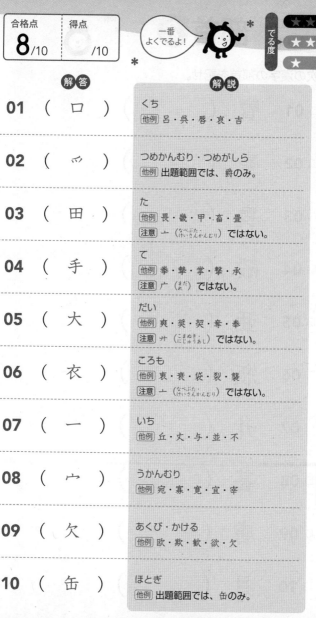

でる度 ★★★

部首②

次の漢字の部首を記せ。

□ 01　賓（　　　）

□ 02　亭（　　　）

□ 03　喪（　　　）

□ 04　殻（　　　）

□ 05　亜（　　　）

□ 06　瓶（　　　）

□ 07　升（　　　）

□ 08　甚（　　　）

□ 09　虜（　　　）

□ 10　且（　　　）

合格点	得点
8/10	/10

でる度 ★★★ ★★ ★

	解答	解説
01	（ 貝 ）	かい・こがい 他例 貪・貢・貞・貫・賢 注意 宀（うかんむり）ではない。
02	（ 亠 ）	なべぶた・けいさんかんむり 他例 享・亡・京・交
03	（ 口 ）	くち 他例 啓・哲・吏・含・召 注意 衣（ころも）ではない。
04	（ 殳 ）	るまた・ほこづくり 他例 毀・殴・殿・段・殺
05	（ 二 ）	に 他例 互・井・五・二 注意 口（くち）ではない。
06	（ 瓦 ）	かわら 他例 出題範囲では、瓶と瓦のみ。
07	（ 十 ）	じゅう 他例 卓・卑・協・卒・博 注意 ノ（の・はらいぼう）ではない。
08	（ 甘 ）	かん・あまい 他例 出題範囲では、甚と甘のみ。
09	（ 虍 ）	とらがしら・とらかんむり 他例 虎・虞・虐・虚
10	（ 一 ）	いち 他例 世・丁・両・万・下

でる度 ★★★

部首 3

次の漢字の部首を記せ。

□ 01　翁（　　）

□ 02　妥（　　）

□ 03　尉（　　）

□ 04　戻（　　）

□ 05　泰（　　）

□ 06　蛍（　　）

□ 07　旋（　　）

□ 08　呈（　　）

□ 09　弔（　　）

□ 10　窯（　　）

合格点	得点
8/10	/10

でる度 ★★★

解答		解説
01	（ 羽 ）	はね 他例 翻・翼・翌・習・羽
02	（ 女 ）	おんな 他例 妄・婆・威・姿・妻 注意 爫（つめかんむり・つめがしら）ではない。
03	（ 寸 ）	すん 他例 寿・封・尋・射・将
04	（ 戸 ）	とだれ・とかんむり 他例 出題範囲では、戻・扉・房・扇のみ。 注意 大（だい）ではない。
05	（ 氺 ）	したみず 他例 出題範囲では、泰のみ。
06	（ 虫 ）	むし 他例 蜜・融・蛮・蚕・虫
07	（ 方 ）	ほうへん・かたへん 他例 施・旗・旅・族
08	（ 口 ）	くち 他例 唐・后・善・否・可
09	（ 弓 ）	ゆみ 他例 出題範囲では、弔・弓・弱・弟のみ。
10	（ 穴 ）	あなかんむり 他例 窟・窮・窃・窒・突 注意 灬（れんが・れっか）ではない。

でる度★★★

熟語の構成 ❶

熟語の構成のしかたには次のようなものがある。

ア 同じような意味の漢字を重ねたもの（**身体**）
イ 反対または対応の意味を表す字を重ねたもの（**長短**）
ウ 上の字が下の字を修飾しているもの（**会員**）
エ 下の字が上の字の目的語・補語になっているもの（**着火**）
オ 上の字が下の字の意味を打ち消しているもの（**非常**）

次の熟語は、上のどれにあたるか、記号で記せ。

□ **01** 禍福（　　）

□ **02** 争覇（　　）

□ **03** 繁閑（　　）

□ **04** 媒介（　　）

□ **05** 経緯（　　）

□ **06** 多寡（　　）

□ **07** 脚韻（　　）

□ **08** 未遂（　　）

□ **09** 露顕（　　）

□ **10** 漆黒（　　）

合格点	得点
8/10	/10

でる度 ★★★

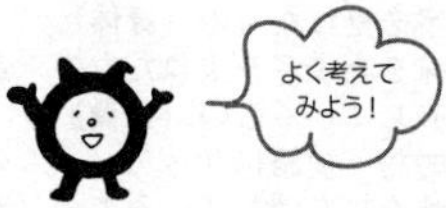

解答		解説
01	（ イ ）	禍福《かふく》　「災い」↔「幸い」と解釈。
02	（ エ ）	争覇《そうは》　「争う ← 優勝を」と解釈。
03	（ イ ）	繁閑《はんかん》　「繁忙」↔「閑暇」と解釈。
04	（ ア ）	媒介《ばいかい》　どちらも「仲立ち」の意。
05	（ イ ）	経緯《けいい》　「縦の糸」↔「横の糸」と解釈。
06	（ イ ）	多寡《たか》　「多い」↔「少ない」と解釈。
07	（ ウ ）	脚韻《きゃくいん》　「後ろにある → 韻」と解釈。
08	（ オ ）	未遂《みすい》　「まだ成し遂げていない」と解釈。
09	（ ア ）	露顕《ろけん》　どちらも「あらわれる」の意。
10	（ ウ ）	漆黒《しっこく》　「漆のような → 黒」と解釈。

でる度 ★★★

熟語の構成 2

熟語の構成のしかたには次のようなものがある。

ア 同じような意味の漢字を重ねたもの（**身体**）
イ 反対または対応の意味を表す字を重ねたもの（**長短**）
ウ 上の字が下の字を修飾しているもの（**会員**）
エ 下の字が上の字の目的語・補語になっているもの（**着火**）
オ 上の字が下の字の意味を打ち消しているもの（**非常**）

次の熟語は、上のどれにあたるか、記号で記せ。

□ **01** 巧拙（　　）

□ **02** 叙情（　　）

□ **03** 衆寡（　　）

□ **04** 贈賄（　　）

□ **05** 妄想（　　）

□ **06** 抑揚（　　）

□ **07** 凡庸（　　）

□ **08** 長幼（　　）

□ **09** 不肖（　　）

□ **10** 扶助（　　）

合格点	得点
8/10	/10

でる度 ★★★

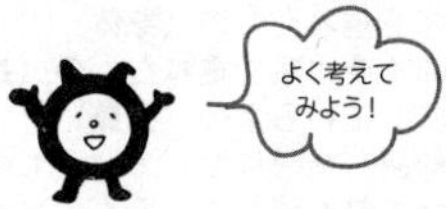

	解答	解説
01	(イ)	巧拙《こうせつ》 「上手」⟷「下手」と解釈。
02	(エ)	叙情《じょじょう》 「述べしるす ← 感情を」と解釈。
03	(イ)	衆寡《しゅうか》 「多数」⟷「少数」と解釈。
04	(エ)	贈賄《ぞうわい》 「贈る ← 賄賂を」と解釈。
05	(ウ)	妄想《もうそう》 「むやみに → おもう」と解釈。
06	(イ)	抑揚《よくよう》 「抑える」⟷「たかめる」と解釈。
07	(ア)	凡庸《ぼんよう》 どちらも「ふつう」の意。
08	(イ)	長幼《ちょうよう》 「年長者」⟷「年少者」と解釈。
09	(オ)	不肖《ふしょう》 「(親や師に) 似ていない」と解釈。
10	(ア)	扶助《ふじょ》 どちらも「たすける」の意。

でる度 ★★★

熟語の構成 ③

熟語の構成のしかたには次のようなものがある。

ア 同じような意味の漢字を重ねたもの（**身体**）
イ 反対または対応の意味を表す字を重ねたもの（**長短**）
ウ 上の字が下の字を修飾しているもの（**会員**）
エ 下の字が上の字の目的語・補語になっているもの（**着火**）
オ 上の字が下の字の意味を打ち消しているもの（**非常**）

次の熟語は、上のどれにあたるか、記号で記せ。

□ **01** 叙勲（　　）

□ **02** 雅俗（　　）

□ **03** 酪農（　　）

□ **04** 去就（　　）

□ **05** 旋回（　　）

□ **06** 抹茶（　　）

□ **07** 親疎（　　）

□ **08** 検疫（　　）

□ **09** 逸脱（　　）

□ **10** 弔辞（　　）

合格点	得点
8/10	/10

でる度 ★★★ ★★ ★

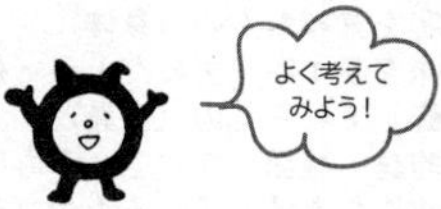

	解答	解説
01	(エ)	叙勲《じょくん》 「与える ← 勲章を」と解釈。
02	(イ)	雅俗《がぞく》 「上品」↔「下品」と解釈。
03	(ウ)	酪農《らくのう》 「乳製品の → 農業」と解釈
04	(イ)	去就《きょしゅう》 「離れる」↔「つく」と解釈。
05	(ア)	旋回《せんかい》 どちらも「まわる」の意。
06	(ウ)	抹茶《まっちゃ》 「粉にした → お茶」と解釈。
07	(イ)	親疎《しんそ》 「親しい」↔「疎い」と解釈。
08	(エ)	検疫《けんえき》 「検査する ← 感染症を」と解釈。
09	(ア)	逸脱《いつだつ》 どちらも「それる」の意。
10	(ウ)	弔辞《ちょうじ》 「弔う → 言葉」と解釈。

でる度 ★★★

熟語の構成④

熟語の構成のしかたには次のようなものがある。

ア 同じような意味の漢字を重ねたもの（**身体**）
イ 反対または対応の意味を表す字を重ねたもの（**長短**）
ウ 上の字が下の字を修飾しているもの（**会員**）
エ 下の字が上の字の目的語・補語になっているもの（**着火**）
オ 上の字が下の字の意味を打ち消しているもの（**非常**）

次の熟語は、上のどれにあたるか、記号で記せ。

□ **01** 未聞（　　）

□ **02** 点滅（　　）

□ **03** 赴任（　　）

□ **04** 慶弔（　　）

□ **05** 早晩（　　）

□ **06** 叙景（　　）

□ **07** 搭乗（　　）

□ **08** 環礁（　　）

□ **09** 玩弄（　　）

□ **10** 懇請（　　）

合格点	得点
8/10	/10

でる度 ★★★

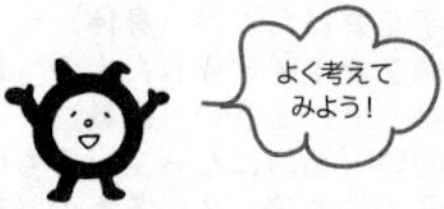

解答		解説
01	（ オ ）	未聞《みもん》 「まだ聞いたことがない」と解釈。
02	（ イ ）	点滅《てんめつ》 「つける」⟷「消す」と解釈。
03	（ エ ）	赴任《ふにん》 「赴く ← 任地に」と解釈。
04	（ イ ）	慶弔《けいちょう》 「祝う」⟷「弔う」と解釈。
05	（ イ ）	早晩《そうばん》 「早い」⟷「遅い」と解釈。
06	（ エ ）	叙景《じょけい》 「詩文に表す ← 景色を」と解釈。
07	（ ア ）	搭乗《とうじょう》 どちらも「のる」の意。
08	（ ウ ）	環礁《かんしょう》 「輪の形をした → さんご礁」と解釈。
09	（ ア ）	玩弄《がんろう》 どちらも「もてあそぶ」の意。
10	（ ウ ）	懇請《こんせい》 「心をこめて → 頼む」と解釈。

でる度 ★★★

熟語の構成 5

熟語の構成のしかたには次のようなものがある。

ア	同じような意味の漢字を重ねたもの（**身体**）
イ	反対または対応の意味を表す字を重ねたもの（**長短**）
ウ	上の字が下の字を修飾しているもの（**会員**）
エ	下の字が上の字の目的語・補語になっているもの（**着火**）
オ	上の字が下の字の意味を打ち消しているもの（**非常**）

次の熟語は、上のどれにあたるか、記号で記せ。

□ **01**　懇望（　　）

□ **02**　懐古（　　）

□ **03**　把握（　　）

□ **04**　存廃（　　）

□ **05**　未詳（　　）

□ **06**　寛厳（　　）

□ **07**　罷業（　　）

□ **08**　浄財（　　）

□ **09**　遵法（　　）

□ **10**　謹呈（　　）

合格点	得点
8/10	/10

でる度 ★★★

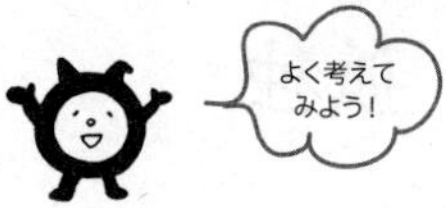

	解答	解説
01	（ ウ ）	懇望《こんぼう》 「心から → 望む」と解釈。
02	（ エ ）	懐古《かいこ》 「懐かしむ ← 昔を」と解釈。
03	（ ア ）	把握《はあく》 どちらも「つかむ」の意。
04	（ イ ）	存廃《そんぱい》 「存続」↔「廃止」と解釈。
05	（ オ ）	未詳《みしょう》 「まだ詳しくわからない」と解釈。
06	（ イ ）	寛厳《かんげん》 「寛大」↔「厳格」と解釈。
07	（ エ ）	罷業《ひぎょう》 「やめる ← 業務を」と解釈。
08	（ ウ ）	浄財《じょうざい》 「汚れのない → お金」と解釈。
09	（ エ ）	遵法《じゅんぽう》 「従う ← 法に」と解釈。
10	（ ウ ）	謹呈《きんてい》 「謹んで → 差し上げる」と解釈。

でる度★★★

四字熟語①

次の四字熟語の（　）に入る適切な語を右の□の中から選び、漢字二字で記せ。

□ 01（　　）孤独

□ 02（　　）自重

□ 03（　　）自若

□ 04 精進（　　）

□ 05（　　）秩序

□ 06 疾風（　　）

□ 07（　　）玉条

□ 08 竜頭（　　）

□ 09 汗牛（　　）

□ 10（　　）定離

あんねい
いんにん
えしゃ
きんか
けっさい
じゅうとう
じんらい
たいぜん
だび
てんがい

合格点	得点
8/10	/10

でる度 ★★★

解答	解説
*01 （天涯《てんがい》）孤独《こどく》	この広い世間に身寄りもなく、ひとりぼっちであること。 他例「孤独」が出題されることもある。
*02 （隠忍《いんにん》）自重《じちょう》	じっとがまんして軽々しい行動をしないこと。
*03 （泰然《たいぜん》）自若《じじゃく》	ゆったりと落ちつき払って、物事に動じないさま。
*04 精進《しょうじん》（潔斎《けっさい》）	肉食などを慎み心身を清めること。 他例「精進」が出題されることもある。
05 （安寧《あんねい》）秩序《ちつじょ》	秩序が保たれ、安全で不安のない状態。 他例「秩序」が出題されることもある。
06 疾風《しっぷう》（迅雷《じんらい》）	動きがすばやく激しいさま。 他例「疾風」が出題されることもある。
*07 （金科《きんか》）玉条《ぎょくじょう》	このうえなく大切なきまり。また、重要なよりどころ。 他例「玉条」が出題されることもある。
*08 竜頭《りゅうとう》（蛇尾《だび》）	最初は盛んで終わりがふるわないこと。 他例「竜頭」が出題されることもある。
*09 汗牛《かんぎゅう》（充棟《じゅうとう》）	蔵書の数がたいへん多いことのたとえ。 他例「汗牛」が出題されることもある。
10 （会者《えしゃ》）定離《じょうり》	会えば必ず別れる運命にあるということ。 他例「定離」が出題されることもある。

※★付き番号は、意味を問われやすい問題

でる度 ★★★

四字熟語②

次の四字熟語の（　）に入る適切な語を
右の□の中から選び、漢字二字で記せ。

□ 01 （　　　）末節

□ 02 快刀（　　　）

□ 03 巧遅（　　　）

□ 04 合従（　　　）

□ 05 読書（　　　）

□ 06 （　　　）潔白

□ 07 （　　　）妄動

□ 08 綱紀（　　　）

□ 09 （　　　）烈日

□ 10 森羅（　　　）

けいきょ
しゅうそう
しゅくせい
しよう
せいれん
せっそく
ばんしょう
ひゃっぺん
らんま
れんこう

合格点	得点
8/10	/10

でる度 ★★★

解答	解説
*01 （枝葉《しよう》）末節《まっせつ》	主要でない細かいことがら。
*02 快刀《かいとう》（乱麻《らんま》）	こじれた物事を手際よく解決するさま。
03 巧遅《こうち》（拙速《せっそく》）	物事をするには、上手で遅いよりは、下手でも速いほうがよい。
*04 合従《がっしょう》（連衡《れんこう》）	各勢力が権力争いのために手を組んだり離反したりすること。
*05 読書《どくしょ》（百遍《ひゃっぺん》）	難しい文章でも繰り返し読めば、意味が自然とわかってくること。
*06 （清廉《せいれん》）潔白《けっぱく》	心や行いが清く澄み、私欲や不正など全くないさま。
07 （軽挙《けいきょ》）妄動《もうどう》	深い考えもなく軽はずみな行動をすること。 他例「妄動」が出題されることもある。
*08 綱紀《こうき》（粛正《しゅくせい》）	乱れた規律を厳しく正すこと。 他例「綱紀」が出題されることもある。
*09 （秋霜《しゅうそう》）烈日《れつじつ》	権威・刑罰などがおごそかで厳しいことのたとえ。 他例「烈日」が出題されることもある。
10 森羅《しんら》（万象《ばんしょう》）	宇宙に存在するすべてのもの。 他例「森羅」が出題されることもある。

※★付き番号は、意味を問われやすい問題

でる度 ★★★

四字熟語 3

次の四字熟語の（　）に入る適切な語を右の□の中から選び、漢字二字で記せ。

□ **01** 粉骨（　　　）

□ **02**（　　　）自縛

□ **03**（　　　）有閑

□ **04**（　　　）外患

□ **05**（　　　）果断

□ **06** 片言（　　　）

□ **07**（　　　）亡羊

□ **08**（　　　）同舟

□ **09**（　　　）妥当

□ **10**（　　　）心小

ごえつ
さいしん
じじょう
じんそく
せきご
たき
たんだい
ないゆう
ふへん
ぼうちゅう

合格点	得点
8/10	/10

でる度 ★★★

解答 / 解説

*01 粉骨《ふんこつ》（砕身《さいしん》）
力の限り骨を折って努力すること。
他例「粉骨」が出題されることもある。

02（自縄《じじょう》）自縛《じばく》
自分の言動が自分をしばって動きがとれなくなり苦しむこと。
他例「自縛」が出題されることもある。

03（忙中《ぼうちゅう》）有閑《ゆうかん》
いそがしい中にも、わずかな暇はあるものだということ。
他例「有閑」が出題されることもある。

04（内憂《ないゆう》）外患《がいかん》
内部にも外部にも問題が多く、心配事や悩みの種が尽きない状態のこと。
他例「外患」が出題されることもある。

05（迅速《じんそく》）果断《かだん》
すばやく判断しためらわず思い切って物事を行うこと。

06 片言《へんげん》（隻語《せきご》）
ちょっとした短い言葉。

*07（多岐《たき》）亡羊《ぼうよう》
方針が多方面にわたりどれがよいか迷うこと。

*08（呉越《ごえつ》）同舟《どうしゅう》
仲の悪い者どうしが同じ場所にいること。また、敵どうしでも共通の困難に対しては協力するたとえ。

*09（普遍《ふへん》）妥当《だとう》
どんな場合にも真理として認められること。
他例「妥当」が出題されることもある。

10（胆大《たんだい》）心小《しんしょう》
ためらわず思い切ってしかも注意深くなければならないということ。

※★付き番号は、意味を問われやすい問題

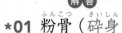

でる度 ★★★

四字熟語 ④

次の四字熟語の（　）に入る適切な語を右の□の中から選び、漢字二字で記せ。

□ 01 内疎（　　　）

□ 02 放歌（　　　）

□ 03 （　　　）不党

□ 04 （　　　）顕正

□ 05 （　　　）成就

□ 06 群雄（　　　）

□ 07 （　　　）実直

□ 08 興味（　　　）

□ 09 （　　　）西走

□ 10 質実（　　　）

がいしん
かっきょ
きんげん
こうぎん
ごうけん
しんしん
たいがん
とうほん
はじゃ
ふへん

合格点	得点
8/10	/10

でる度 ★★★

解答	解説
01 内疎《ないそ》（外親《がいしん》）	外見は親しそうにしているが、内心で疎んじること。 他例「内疎」が出題されることもある。
02 放歌《ほうか》（高吟《こうぎん》）	あたりかまわず大声で詩歌をうたうこと。 他例「放歌」が出題されることもある。
*03 （不偏《ふへん》）不党《ふとう》	いずれの主義・党にも味方せず公正中立を守ること。 他例「不党」が出題されることもある。
04 （破邪《はじゃ》）顕正《けんしょう(けんせい)》	不正や誤った考えを否定し正しい道理をあらわし広めること。 他例「顕正」が出題されることもある。
05 （大願《たいがん》）成就《じょうじゅ》	かねてからの大きな望みがかなうこと。 他例「成就」が出題されることもある。
*06 群雄《ぐんゆう》（割拠《かっきょ》）	多くの英雄が各地を地盤として勢力を振るい、対立すること。 他例「群雄」が出題されることもある。
*07 （謹厳《きんげん》）実直《じっちょく》	慎み深くまじめで正直・律儀なこと。
08 興味《きょうみ》（津津《しんしん》）	興味が次々とわいて尽きないさま。
09 （東奔《とうほん》）西走《せいそう》	事をなすためにあちこち忙しく走りまわること。
10 質実《しつじつ》（剛健《ごうけん》）	飾り気がなくまじめで健やかで強いこと。

※*付き番号は、意味を問われやすい問題

でる度 ★★★

四字熟語 5

次の四字熟語の（　）に入る適切な語を右の□の中から選び、漢字二字で記せ。

□ 01 （　　　）円蓋

□ 02 大言（　　　）

□ 03 （　　　）不抜

□ 04 （　　　）協同

□ 05 （　　　）当千

□ 06 温厚（　　　）

□ 07 高論（　　　）

□ 08 面目（　　　）

□ 09 （　　　）休題

□ 10 自由（　　　）

いっき
かんわ
けんにん
そうご
たくせつ
とくじつ
ほうてい
ほんぽう
やくじょ
わちゅう

合格点	得点
8/10	/10

でる度 ★★★

解答	解説
01 （方底《ほうてい》）円蓋《えんがい》	物事が食い違って、お互いに合わないこと。
02 大言《たいげん》（壮語《そうご》）	実力以上に大きなことを言うこと。
*03 （堅忍《けんにん》）不抜《ふばつ》	じっとがまんして心を他に動かさないこと。
*04 （和衷《わちゅう》）協同《きょうどう》	心を同じにして、共に力を合わせること。
*05 （一騎《いっき》）当千《とうせん》	一人で千人を相手に戦えるほどの強さ。
*06 温厚《おんこう》（篤実《とくじつ》）	人柄が穏やかで情け深く誠実なこと。 他例「温厚」が出題されることもある。
07 高論《こうろん》（卓説《たくせつ》）	すぐれた議論や意見。
*08 面目《めんもく(めんぼく)》（躍如《やくじょ》）	名誉や評価がいっそう高まるさま。
*09 （閑話《かんわ》／間話《かんわ》）休題《きゅうだい》	それはさておき。
10 自由《じゆう》（奔放《ほんぽう》）	思いのまま自由勝手にふるまうさま。

※★付き番号は、意味を問われやすい問題

でる度 ★★★

対義語・類義語 1

右の□の中の語を一度だけ使って漢字に直し、対義語・類義語を記せ。

対義語

□ 01 巧妙 ―（　　　）

□ 02 栄転 ―（　　　）

□ 03 粗雑 ―（　　　）

□ 04 極端 ―（　　　）

□ 05 多弁 ―（　　　）

類義語

□ 06 死角 ―（　　　）

□ 07 回復 ―（　　　）

□ 08 猛者 ―（　　　）

□ 09 心配 ―（　　　）

□ 10 貧乏 ―（　　　）

かもく
けねん
ごうけつ
こんきゅう
させん
せつれつ
ちみつ
ちゆ
ちゅうよう
もうてん

合格点	得点
8/10	/10

でる度 ★★★

解答

解説

01 (拙劣《せつれつ》)

巧妙《こうみょう》＝やり方が巧みですぐれているさま。
拙劣＝下手でおとること。また、そのさま。

02 (左遷《させん》)

栄転《えいてん》＝転任して今までよりも上の地位につくこと。
左遷＝それまでの地位より下げること。

03 (緻密《ちみつ》)

粗雑《そざつ》＝いいかげんで大ざっぱなこと。
緻密＝細部まで注意が行き届いていて、手落ちがないこと。

04 (中庸《ちゅうよう》)

極端《きょくたん》＝ある方向に非常にかたよっていること。
中庸＝一方にかたよっていないこと。

05 (寡黙《かもく》)

多弁《たべん》＝言葉数が多いこと。
寡黙＝言葉数が少ないこと。
他例 多言《たげん》—寡黙　冗舌《じょうぜつ》—寡黙

---

06 (盲点《もうてん》)

死角《しかく》＝身近にありながら、気がつかないこと。
盲点＝意外と気づかずに見落としている部分。

07 (治癒《ちゆ》)

回復《かいふく》＝もとのよい状態にもどること。
治癒＝病気・けがなどが治ること。
他例 快復《かいふく》—治癒

08 (豪傑《ごうけつ》)

猛者《もさ》＝勇猛ですぐれた技をもち、精力的に活動する人。
豪傑＝才知・武勇に並外れてすぐれていて、度胸のある人。

09 (懸念《けねん》)

心配《しんぱい》＝気にかけて思いわずらうこと。
懸念＝気にかかって不安に思うこと。

10 (困窮《こんきゅう》)

貧乏《びんぼう》＝貧しくて生活が苦しいこと。
困窮＝ひどく貧しくて苦しむこと。
他例 貧苦《ひんく》—困窮　辛酸《しんさん》—困窮

でる度 ★★★

対義語・類義語 ②

右の□の中の語を一度だけ使って漢字に直し、
対義語・類義語を記せ。

対義語

□ 01 高慢 —（　　　）

□ 02 下落 —（　　　）

□ 03 祝賀 —（　　　）

□ 04 獲得 —（　　　）

□ 05 老巧 —（　　　）

類義語

□ 06 残念 —（　　　）

□ 07 脅迫 —（　　　）

□ 08 永遠 —（　　　）

□ 09 譲歩 —（　　　）

□ 10 強壮 —（　　　）

あいとう
いかく
いかん
がんけん
けんきょ
そうしつ
だきょう
ちせつ
とうき
ゆうきゅう

合格点	得点
8/10	/10

でる度 ★★★ ★★ ★

解答 / 解説

01 （ 謙虚《けんきょ》 ）
高慢《こうまん》＝うぬぼれて人を見下すさま。
謙虚＝相手を重んじ、控え目なさま。
他例 横柄《おうへい》―謙虚　尊大《そんだい》―謙虚

02 （ 騰貴《とうき》 ）
下落《げらく》＝物価・株価・相場が下がること。
騰貴＝物価・株価・相場が上がること。

03 （ 哀悼《あいとう》 ）
祝賀《しゅくが》＝祝い喜ぶこと。
哀悼＝死を悲しみいたむこと。
他例 慶賀《けいが》―哀悼

04 （ 喪失《そうしつ》 ）
獲得《かくとく》＝物品・権利などを手に入れること。
喪失＝なくすこと。失うこと。

05 （ 稚拙《ちせつ》 ）
老巧《ろうこう》＝数多くの経験を積んでいて、物事に手慣れ巧みなこと。
稚拙＝幼くて未熟なこと。また、そのさま。

06 （ 遺憾《いかん》 ）
残念《ざんねん》＝心残りがするさま。
遺憾＝不本意で心残りがするさま。

07 （ 威嚇《いかく》 ）
脅迫《きょうはく》＝弱みにつけこんでおどすこと。
威嚇＝暴力や武力などでおどすこと。
他例 恐喝《きょうかつ》―威嚇

08 （ 悠久《ゆうきゅう》 ）
永遠《えいえん》＝時の長く果てしないこと。
悠久＝はるか先まで長く続くこと。
他例 永世《えいせい》―悠久

09 （ 妥協《だきょう》 ）
譲歩《じょうほ》＝自分の主張を曲げて歩み寄ること。
妥協＝対立する意見を互いが譲り合ってまとめること。

10 （ 頑健《がんけん》 ）
強壮《きょうそう》＝体がたくましくて元気さかんなこと。
頑健＝体ががっちりしていて非常に丈夫なさま。他例 屈強《くっきょう》―頑健

でる度 ★★★

対義語・類義語 ③

右の□の中の語を一度だけ使って漢字に直し、対義語・類義語を記せ。

対義語

□ **01** 明瞭 ―（　　　）

□ **02** 粗略 ―（　　　）

□ **03** 受諾 ―（　　　）

□ **04** 隆起 ―（　　　）

□ **05** 凡才 ―（　　　）

類義語

□ **06** 解雇 ―（　　　）

□ **07** 我慢 ―（　　　）

□ **08** 全治 ―（　　　）

□ **09** 光陰 ―（　　　）

□ **10** 永眠 ―（　　　）

あいまい
いつざい
かんぼつ
きょぜつ
せいきょ
せいそう
ていねい
にんたい
ひめん
へいゆ

合格点	得点
8/10	/10

でる度 ★★★ ★★ ★

解答

01 （ 曖昧《あいまい》 ）

02 （ 丁寧《ていねい》 ）

03 （ 拒絶《きょぜつ》 ）

04 （ 陥没《かんぼつ》 ）

05 （ 逸材《いつざい》 ）

06 （ 罷免《ひめん》 ）

07 （ 忍耐《にんたい》 ）

08 （ 平癒《へいゆ》 ）

09 （ 星霜《せいそう》 ）

10 （ 逝去《せいきょ》 ）

解説

01
明瞭《めいりょう》＝はっきりしているさま。
曖昧＝はっきりしないさま。確かでないさま。

02
粗略《そりゃく》＝投げやりでぞんざいなさま。
丁寧＝気をつけて念入りに扱うさま。

03
受諾《じゅだく》＝要求などを受け入れること。
拒絶＝働きかけや申し入れを断ること。
他例 承諾《しょうだく》―拒絶　応諾《おうだく》―拒絶

04
隆起《りゅうき》＝高くもり上がること。
陥没＝周囲より落ち込むこと。

05
凡才《ぼんさい》＝平凡な才能。また、その人。
逸材＝すぐれた才能。また、それをもった人。

06
解雇《かいこ》＝雇い主が、雇っていた者を一方的にやめさせること。
罷免＝職務をやめさせること。

07
我慢《がまん》＝こらえしのぶこと。
忍耐＝我慢すること。たえしのぶこと。
他例 辛抱《しんぼう》―忍耐

08
全治《ぜんち》＝病気やけがなどが完全に治ること。
平癒＝病気が治ること。

09
光陰《こういん》＝月日。年月。時間。
星霜＝年月。
他例 歳月《さいげつ》―星霜

10
永眠《えいみん》＝死ぬこと。
逝去＝人の死を敬意をもっていう言葉。
他例 他界《たかい》―逝去　死亡《しぼう》―逝去

でる度 ★★★

対義語・類義語 ④

右の□の中の語を一度だけ使って漢字に直し、対義語・類義語を記せ。

対義語

□ 01 潤沢 ―（　　　）

□ 02 軽侮 ―（　　　）

□ 03 厳格 ―（　　　）

□ 04 褒賞 ―（　　　）

□ 05 率先 ―（　　　）

類義語

□ 06 阻害 ―（　　　）

□ 07 調和 ―（　　　）

□ 08 混乱 ―（　　　）

□ 09 面倒 ―（　　　）

□ 10 堪忍 ―（　　　）

かんべん
かんよう
きんこう
こかつ
じゃま
すうはい
ちょうばつ
ついずい
ふんきゅう
やっかい

合格点	得点
8/10	/10

でる度 ★★★

解答 / 解説

01 (枯渇《こかつ》)

潤沢《じゅんたく》＝物が豊富にあること。
枯渇＝物が欠乏したり尽き果てたりすること。

02 (崇拝《すうはい》)

軽侮《けいぶ》＝ばかにしてあなどること。
崇拝＝尊び敬うこと。

03 (寛容《かんよう》)

厳格《げんかく》＝厳しくして怠慢を許さないさま。
寛容＝心が広く人を受け入れるさま。
他例 狭量《きょうりょう》―寛容　偏狭《へんきょう》―寛容

04 (懲罰《ちょうばつ》)

褒賞《ほうしょう》＝特にすぐれた行いをした人をほめたたえること。
懲罰＝不正な行為をした人をこらしめること。

05 (追随《ついずい》)

率先《そっせん》＝進んで行うこと。
追随＝人のあとをついて行くこと。

---

06 (邪魔《じゃま》)

阻害《そがい》＝じゃまをすること。
邪魔＝さまたげること。
他例 妨害《ぼうがい》―邪魔

07 (均衡《きんこう》)

調和《ちょうわ》＝要素や条件がよくつりあうこと。
均衡＝二つ以上の物事の間につりあいがとれていること。バランス。

08 (紛糾《ふんきゅう》)

混乱《こんらん》＝秩序がなくなって入り乱れること。
紛糾＝物事がもつれ乱れること。

09 (厄介《やっかい》)

面倒《めんどう》＝物事をするのがむずかしいこと。
厄介＝手数がかかりわずらわしいこと。
他例 煩雑《はんざつ》―厄介

10 (勘弁《かんべん》)

堪忍《かんにん》＝怒りを抑えて他人を許すこと。
勘弁＝他人のあやまちを許すこと。
他例 容赦《ようしゃ》―勘弁

でる度 ★★★

同音・同訓異字 ①

次の——線のカタカナを漢字に直せ。

□ **01** 鉄道でオウシュウを巡る旅。（　　）

□ **02** 証拠書類をオウシュウする。（　　）

□ **03** 景気をフヨウさせる。（　　）

□ **04** 親をフヨウする義務がある。（　　）

□ **05** センパクな知識を恥じる。（　　）

□ **06** 次々とセンパクが入港する。（　　）

□ **07** 秋のケイコクは紅葉がきれいだ。（　　）

□ **08** 遊泳禁止のケイコクの立て札。（　　）

□ **09** 庭の落ち葉を丁寧にハく。（　　）

□ **10** ヒールの高い靴をハく。（　　）

合格点	得点
8/10	/10

でる度 ★★★ ★★ ★

解答		解説
01	(欧州)	ヨーロッパ。 他例 応酬《おうしゅう》
02	(押収)	裁判所や検察官が証拠物などを占有・確保すること。
03	(浮揚)	うかび上がらせること。 他例 腐葉土《ふようど》
04	(扶養)	世話をし、養うこと。生活の面倒をみること。
05	(浅薄)	学問や考えが浅はかなこと。
06	(船舶)	船。特に、大きな船。
07	(渓谷)	水の流れる深い谷。
08	(警告)	前もって注意をうながすこと。
09	(掃)	掃く＝ほうきでちりやごみをはらい除く。 他例 吐《は》く・端《は》・刃《は》
10	(履)	履く＝はき物を足につける。

でる度 ★★★

同音・同訓異字 ②

次の――線のカタカナを漢字に直せ。

□ 01 輸出入のキンコウが崩れた。（　　）

□ 02 キンコウ農業は温室栽培が多い。（　　）

□ 03 バブルで地価がボウトウした。（　　）

□ 04 会議のボウトウに挨拶をする。（　　）

□ 05 奇抜なシュコウを凝らす。（　　）

□ 06 その意見にはシュコウしかねる。（　　）

□ 07 銀行からユウシを受ける。（　　）

□ 08 牧場をユウシ鉄線で囲む。（　　）

□ 09 そのムネを上司に伝えます。（　　）

□ 10 今日はムネ上げの日です。（　　）

解答	解説
01 （ 均衡 ）	バランス。物事の間につり合いがとれていること。
02 （ 近郊 ）	都市に近い地域。
03 （ 暴騰 ）	物価・相場などが急に大幅に上がること。
04 （ 冒頭 ）	物事のはじめ。
05 （ 趣向 ）	味わいやおもしろみが出るように工夫すること。
06 （ 首肯 ）	うなずくこと。納得し、賛成すること。
07 （ 融資 ）	資金を貸し出すこと。
08 （ 有刺 ）	とげがあること。
09 （ 旨 ）	述べたことの内容。また、そのねらいや意味。 他例 胸《むね》
10 （ 棟 ）	棟《むね》上《あ》げ＝建築物の骨組みの上に棟木を上げること。また、それを祝う儀式。

でる度 ★★★

同音・同訓異字 3

次の——線のカタカナを漢字に直せ。

□ **01** 買収され大企業のサンカに入る。(　　)

□ **02** 台風のサンカをニュースで知る。(　　)

□ **03** 発言のシンギを確かめる。(　　)

□ **04** 提案を委員会でシンギする。(　　)

□ **05** 子供に泣かれてヘイコウする。(　　)

□ **06** 猫はヘイコウ感覚が優れている。(　　)

□ **07** 成績フシンを心配する。(　　)

□ **08** 寺の本堂をフシンする。(　　)

□ **09** スミをすって、書の準備をする。(　　)

□ **10** 君はスミに置けない人だ。(　　)

合格点	得点
8/10	/10

でる度 ★★★ ★★ ★

解答 / 解説

01 （ 傘下 ） 大きな組織の支配を受ける立場にあること。

02 （ 惨禍 ） 自然災害や戦争などのむごいわざわい。

03 （ 真偽 ） まことといつわり。本当かうそか。
他例 信義《しんぎ》

04 （ 審議 ） 物事を詳しく調べ、その可否を討議すること。

05 （ 閉口 ） 困りきること。どうにもならなくて弱ること。

06 （ 平衡 ） 平衡感覚《へいこうかんかく》＝全身の位置やつり合いを感知する感覚。

07 （ 不振 ） 勢い・成績・業績などがふるわないこと。盛んでないこと。
他例 腐心《ふしん》・不審《ふしん》

08 （ 普請 ） 建築工事。広く寄付を募り仏堂などの新築や修繕をすること。

09 （ 墨 ） 良質のすすをにかわで練り、香料などを入れて固めたもの。

10 （ 隅 ） 隅《すみ》に置《お》けない＝あなどれない。思いの外すぐれていて、ばかにできない。

でる度 ★★★

同音・同訓異字 ④

次の——線のカタカナを漢字に直せ。

□ **01** ごみの海洋トウキを禁止する。（　　）

□ **02** 物価がトウキを続ける。（　　）

□ **03** 金属ヒロウによる事故だ。（　　）

□ **04** 料理の腕前をヒロウする。（　　）

□ **05** 惜しくもハケン争いに敗れた。（　　）

□ **06** 人材ハケン会社を探す。（　　）

□ **07** 熱帯魚をスイソウで飼う。（　　）

□ **08** スイソウ楽団に所属する。（　　）

□ **09** ほのかに菊のカが漂う庭園。（　　）

□ **10** 寝ている間にカに刺された。（　　）

合格点	得点
8/10	/10

でる度 ★★★ ★★ ★

解答	解説
01（　投棄　）	不要なものとして投げ捨てること。 他例 陶器《とうき》・登記《とうき》
02（　騰貴　）	物価や相場が上がること。
03（　疲労　）	くたびれること。
04（　披露　）	広く発表すること。
05（　覇権　）	武力や計略により征服して得た権力。
06（　派遣　）	ある場所に任務として行かせること。
07（　水槽　）	魚を飼うための容器。
08（　吹奏　）	管楽器で演奏すること。
09（　香　）	よいにおい。かおり。 他例 刈《か》る・駆《か》る・狩《か》る・欠《か》ける
10（　蚊　）	カ科の昆虫。針状の口で、雌は人や家畜の血を吸う。

でる度 ★★★

誤字訂正 1

次の各文にまちがって使われている同じ読みの漢字が一字ある。左に誤字を、右に正しい漢字を記せ。

□ **01** 景気の「二番底」入りを回避するため、予防的な金融の寛和を決断するとの見方が強まっている。　誤（　　）⇒正（　　）

□ **02** 大きな被害を受けた地元の漁民たちは船会社と国に対して培償を求めた。　誤（　　）⇒正（　　）

□ **03** 経済成長率がマイナスに転じたことは、国内企業の倒産件数の急増という形で験著に現れている。　誤（　　）⇒正（　　）

□ **04** いびきは口内の菌を繁植させるだけでなく、心臓に負担をかけ突然死をも引き起こすことがある。　誤（　　）⇒正（　　）

□ **05** 地区の開発が進む一方、人口増加により折盗など犯罪件数の増加にもつながった。　誤（　　）⇒正（　　）

□ **06** 深夜に自宅で倒れた父は病院へ搬送後、近急手術により一命を取り留めた。　誤（　　）⇒正（　　）

□ **07** 近年空き巣や強盗事件が賓発している地域に監視カメラを設置して防犯対策を強化する。　誤（　　）⇒正（　　）

□ **08** 拾得物が届け出られてから一定期間内に所有者が現れない場合には、その権利を放軌したものと認められる。　誤（　　）⇒正（　　）

合格点	得点
7/8	/8

でる度 ★★★ ★★ ★

解答　解説

	誤		正	解説
01	（寛）	⇒	（緩）	緩和《かんわ》＝厳しさ、激しさの程度をゆるめること。
02	（培）	⇒	（賠）	賠償《ばいしょう》＝他の人に与えた損害をつぐなうこと。
03	（験）	⇒	（顕）	顕著《けんちょ》＝特に目につくさま。いちじるしいさま。
04	（植）	⇒	（殖）	繁殖《はんしょく》＝動物や植物が生まれて増えること。
05	（折）	⇒	（窃）	窃盗《せっとう》＝他人の財物をひそかに盗み取ること。また、盗みをする人。
06	（近）	⇒	（緊）	緊急《きんきゅう》＝重大なことで取り扱い・対応などを急がなければならないこと。
07	（賓）	⇒	（頻）	頻発《ひんぱつ》＝しきりに起こること。
08	（軌）	⇒	（棄）	放棄《ほうき》＝自分の権利や利益を捨ててしまうこと。

でる度 ★★★

誤字訂正 ②

次の各文にまちがって使われている同じ読みの漢字が一字ある。左に誤字を、右に正しい漢字を記せ。

□ **01** 高解像度の画面や赤外線通信機能などを到載した携帯端末が人気を博した。

誤（　　）⇒ 正（　　）

□ **02** 不良債権の処理を甚速に進めないと金融恐慌を誘発しかねないと経済学者が指摘している。

誤（　　）⇒ 正（　　）

□ **03** イギリスの産業革命の進展には蒸気機関など動力源の開発や製鉄技術の改良が大きく功献している。

誤（　　）⇒ 正（　　）

□ **04** 独特に演出された庭園と小さな茶室の中に優美な幽弦の世界が広がる。

誤（　　）⇒ 正（　　）

□ **05** 状況は悪化の一途をたどり、警察さえ手を出せない無法地帯では犯罪が往行していた。

誤（　　）⇒ 正（　　）

□ **06** 欧米の近代思想を活望していた青年たちは、それを柔軟に取り入れて自由民権運動を促進した。

誤（　　）⇒ 正（　　）

□ **07** 達成不可能と思える過克な目標に向かい、努力を怠らず日々精進することで成功を収めた。

誤（　　）⇒ 正（　　）

□ **08** 薬害に苦しむ人は政府が覇握している数を大幅に超えていることが容易に想像される。

誤（　　）⇒ 正（　　）

合格点	得点
7/8	/8

でる度 ★★★

解答	誤		正	解説
01	（到）	⇒	（搭）	搭載《とうさい》＝機器を装備すること。
02	（甚）	⇒	（迅）	迅速《じんそく》＝たいへん速いさま。すみやか。
03	（功）	⇒	（貢）	貢献《こうけん》＝力をつくして役立つこと。
04	（弦）	⇒	（玄）	幽玄《ゆうげん》＝物事の趣が奥深くはかりしれないこと。
05	（往）	⇒	（横）	横行《おうこう》＝自由気ままに歩きまわること。
06	（活）	⇒	（渇）	渇望《かつぼう》＝切実に願い望むこと。
07	（克）	⇒	（酷）	過酷《かこく》＝ひどく厳しいさま。厳しすぎるさま。
08	（覇）	⇒	（把）	把握《はあく》＝内容などをしっかりと理解すること。

でる度 ★★★

誤字訂正③

次の各文にまちがって使われている同じ読みの漢字が一字ある。左に誤字を、右に正しい漢字を記せ。

□ **01** 日本の伝統工芸品が海外で人気を博している要因は、潜細な趣と緻密な技術を施した点にある。
誤（　　）⇒ 正（　　）

□ **02** 都市近郊の干拓地では、堤防を掘削して元の干型を再生すべきという意見が出ている。
誤（　　）⇒ 正（　　）

□ **03** 長期間にわたり治療薬の投与を続けたことで看者の病状に顕著な改善が見られた。
誤（　　）⇒ 正（　　）

□ **04** 厚生労働省が全国で禁煙を唱励する狙いは、将来的な医療費の抑制にある。
誤（　　）⇒ 正（　　）

□ **05** 戦前の日本政府は、早期にソビエト連邦との相互不可侵条約を訂結する必要に迫られていた。
誤（　　）⇒ 正（　　）

□ **06** 円高による輸出の急減が景気の停態を招来しているという見解の識者は少なくない。
誤（　　）⇒ 正（　　）

□ **07** 住宅用太陽光発電システムを新規に設置すると補助金交付を申精できる。
誤（　　）⇒ 正（　　）

□ **08** 内戦の激化により、派遣中の各国平和維持軍の徹収時期が早まりそうな雲行きとなってきた。
誤（　　）⇒ 正（　　）

合格点	得点
7/8	/8

でる度 ★★★

解答

	誤		正
01	(潜)	⇒	(繊)
02	(型)	⇒	(潟)
03	(看)	⇒	(患)
04	(唱)	⇒	(奨)
05	(訂)	⇒	(締)
06	(態)	⇒	(滞)
07	(精)	⇒	(請)
08	(徹)	⇒	(撤)

解説

01 繊細《せんさい》＝感情や感性が細やかで鋭いさま。

02 干潟《ひがた》＝海岸で潮がひいたときに現れる砂泥底。

03 患者《かんじゃ》＝病気やけがの治療を受ける人。

04 奨励《しょうれい》＝それをするのはよいことだと、すすめ励ますこと。

05 締結《ていけつ》＝契約や条約を取り結ぶこと。

06 停滞《ていたい》＝物事が一つの所にとどまって通過または進行しないこと。

07 申請《しんせい》＝役所などに許可・認可などを願い出ること。

08 撤収《てっしゅう》＝引き上げること。

でる度 ★★★

誤字訂正④

次の各文にまちがって使われている同じ読みの漢字が一字ある。左に誤字を、右に正しい漢字を記せ。

□ **01** 不況により製造業では生産拠点が海外に流出し、国内の経済は空堂化が進行している。
誤（　　）⇒ **正**（　　）

□ **02** 巨額の脱税事件にからみ容疑者の家宅捜策が実施され、大量の資料や証拠品が押収された模様だ。
誤（　　）⇒ **正**（　　）

□ **03** 国土全域の乾燥化が急速に進み、民衆は深刻な水不足と危餓に苦しんでいる。
誤（　　）⇒ **正**（　　）

□ **04** その港では、感染症の拡大防止のために到着した者の誰もが検液所に収容された。
誤（　　）⇒ **正**（　　）

□ **05** 近くには小型ＳＬが走り、懐旧の情とすばらしい超望とが満喫できる大規模な保養地である。
誤（　　）⇒ **正**（　　）

□ **06** 都市部では、工場跡地の土条に含まれている有害物質による環境汚染の事例が目立ち始めている。
誤（　　）⇒ **正**（　　）

□ **07** 経営の合理化計画を企道に乗せるのに従業員の削減は不可避で、今後の労使双方の対応が注目される。
誤（　　）⇒ **正**（　　）

□ **08** 世界的な需要の増加により液化天然ガスの国際価格が高登を続けている。
誤（　　）⇒ **正**（　　）

合格点	得点
7/8	/8

でる度 ★★★

解答 / 解説

	誤		正	解説
01	(堂)	⇒	(洞)	空洞《くうどう》=ほらあな。内部がうつろになっていること。
02	(策)	⇒	(索)	家宅捜索《かたくそうさく》=裁判所や捜査機関が住居などを強制的に調べること。
03	(危)	⇒	(飢)	飢餓《きが》=うえること。
04	(液)	⇒	(疫)	検疫《けんえき》=感染症予防のために、空港や港で人や物を検査し、必要に応じて処置を行うこと。
05	(超)	⇒	(眺)	眺望《ちょうぼう》=見晴らし。ながめ。
06	(条)	⇒	(壌)	土壌《どじょう》=土。
07	(企)	⇒	(軌)	軌道《きどう》に乗る=物事が順調に進む。
08	(登)	⇒	(騰)	高騰《こうとう》=価格が急に上がること。

でる度
★★★

送り仮名❶

次の——線のカタカナを漢字一字と送り仮名（ひらがな）に直せ。

□ **01** それは誤解もハナハダシイ。（　　　）

□ **02** 物陰にシノブ。（　　　）

□ **03** 学生時代をナツカシク思う。（　　　）

□ **04** 親をウトマシク感じる時もある。（　　　）

□ **05** 他人をアナドッてはいけない。（　　　）

□ **06** 満天の星をナガメル。（　　　）

□ **07** 砂ぼこりが視界をサエギッた。（　　　）

□ **08** このツグナイは必ず致します。（　　　）

□ **09** 世の不正にイキドオル。（　　　）

□ **10** 夜空に星がマタタイている。（　　　）

合格点	得点
8/10	/10

でる度 ★★★

解答 | 解説

01（ 甚だしい ） 程度が激しい。甚大。

02（ 忍ぶ ） 他に知られないように目立たず行動する。

03（ 懐かしく ） 懐かしい＝思い出されて恋しい。懐旧。

04（ 疎ましく ） 疎ましい＝嫌がる。遠ざけたいと思う。

05（ 侮っ ） 侮る＝相手の力を見下げる。ばかにする。さげすむ。軽侮。

06（ 眺める ） どこということなく広い範囲・遠い所を見る。眺望。

07（ 遮っ ） 遮る＝通行などをじゃまして止める。遮断。

08（ 償い ） 犯した罪やあやまちの埋め合わせをする金品や労役。賠償。

09（ 憤る ） うらみ・いかりの気持ちをいだく。憤然。

10（ 瞬い ） 瞬く＝光がちらちらする。

でる度
★★★

送り仮名 ②

次の――線のカタカナを漢字一字と送り仮名（ひらがな）に直せ。

□ **01** 怠惰な世界にどっぷりとツカル。（　　）

□ **02** 危機にオチイル。（　　）

□ **03** アツカマシイお願いで恐縮です。（　　）

□ **04** 常に不安にオビヤカサれている。（　　）

□ **05** 焼きすぎて魚をコガス。（　　）

□ **06** 神前でウヤウヤシク頭を下げる。（　　）

□ **07** ヨソオイも新たに再スタートだ。（　　）

□ **08** イツワリの証言をして捕まる。（　　）

□ **09** 猿が木の枝をユスル。（　　）

□ **10** 我が子の合格を手放しでホメル。（　　）

合格点 8/10 ｜ 得点 /10

でる度 ★★★ ★★ ★

解答	解説
01（ 漬かる ）	ある状態にひたりきる。
02（ 陥る ）	よくない状態にはまり込む。
03（厚かましい）	行動や態度に慎みがない。
04（ 脅かさ ）	脅かす＝安定した状態などを危うくする。脅威。
05（ 焦がす ）	焼いて黒くする。
06（ 恭しく ）	恭しい＝敬いつつしむ様子。丁重である。
07（ 装い ）	外観を整え飾ること。様子。おもむき。
08（ 偽り ）	真実でないこと。うそ。
09（ 揺する ）	力を入れて、ゆり動かす。
10（ 褒める ）	すぐれている点を認め、それをよく言う。褒賞。

でる度
★★★

送り仮名③

次の——線のカタカナを漢字一字と送り仮名（ひらがな）に直せ。

□ **01** 流行語は**スタレ**るのが早い。（　　）

□ **02** もりを**アヤツッ**て魚を捕る。（　　）

□ **03** いたずらを**コラシメル**。（　　）

□ **04** くじ引きで当番を**マヌカレ**た。（　　）

□ **05** 楽しい雰囲気を**カモシ**出す。（　　）

□ **06** 甘い言葉に**ソソノカサ**れる。（　　）

□ **07** 手で顔を**オオイ**隠して号泣する。（　　）

□ **08** 二人の間に**ハサマッ**て悩む。（　　）

□ **09** **ツチカワ**れた経験を生かす。（　　）

□ **10** 町人の娘が武士の家に**トツイ**だ。（　　）

合格点 8/10　得点 /10

でる度 ★★★

解答　解説

01	（廃れ）	廃れる＝衰える。だめになる。廃退。
02	（操っ）	操る＝上手にあつかう。操作。
03	（懲らしめる）	罰をあたえて、こりさせる。懲罰。
04	（免れ）	免れる＝いやなことからのがれる。免除。
05	（醸し）	醸《かも》し出《だ》す＝雰囲気などを自然に作り出す。醸成。
06	（唆さ）	唆す＝おだてて悪いことをする気にさせる。教唆。
07	（覆い）	覆う＝上にかぶせる。つつみかくす。
08	（挟まっ）	挟まる＝対立する両者の間に立つ。
09	（培わ）	培う＝養い育てる。
10	（嫁い）	嫁ぐ＝よめにいく。

でる度 ★★★

送り仮名④

次の——線のカタカナを漢字一字と送り仮名（ひらがな）に直せ。

□ **01** 人は誰でもアヤマチを犯す。（　　）

□ **02** 長年の思いをついにトゲル。（　　）

□ **03** ワズラワシイ付き合いは嫌だ。（　　）

□ **04** 雨にぬれて髪から水がシタタル。（　　）

□ **05** 社内の派閥争いはミニクカッた。（　　）

□ **06** わずか一点差で負けてクヤシイ。（　　）

□ **07** 冷静になるようにとサトサれた。（　　）

□ **08** アワタダシイ年の瀬を迎える。（　　）

□ **09** 会談は終始ナゴヤカニ進んだ。（　　）

□ **10** 店のマカナイ料理を任される。（　　）

解答	解説
01 （ 過ち ）	間違い。失敗。犯してしまった罪。
02 （ 遂げる ）	しようと思ったことを目的どおり果たす。
03 （ 煩わしい ）	こみいっていてめんどうだ。やっかいだ。
04 （ 滴る ）	液状のものが、しずくとなって垂れ落ちる。
05 （ 醜かっ ）	醜い＝行為や態度が見苦しい。
06 （ 悔しい ）	勝負に負けたり、物事が思い通りに行かなかったりして、腹立たしく残念である。
07 （ 諭さ ）	諭す＝わかりやすく言い聞かせて教え導く。
08 （ 慌ただしい ）	急いでいて落ち着かない。せわしい。慌忙。
09 （ 和やかに ）	人々の心が打ち解けておだやかなさま。
10 （ 賄い ）	賄《まかな》い料《りょう》理《り》＝飲食店で、従業員のために作られる料理。

でる度 ★★★

書き取り 1

次の――線のカタカナを漢字に直せ。

□ **01** 無意味な数字をラレツする。 (　　)

□ **02** お城のようなゴウテイに住む。 (　　)

□ **03** 寝不足で目がジュウケツする。 (　　)

□ **04** 再三のチャンスをイッする。 (　　)

□ **05** 恩師の言葉を肝にメイずる。 (　　)

□ **06** イツワりのない気持ちを告げる。 (　　)

□ **07** ドロナワ式の作戦では勝てない。 (　　)

□ **08** 三連覇がハバまれた。 (　　)

□ **09** 祭りでみこしをカツぐ。 (　　)

□ **10** 結婚式で愛をチギる。 (　　)

合格点	得点
8/10	/10

でる度 ★★★

解答		解説
01	（ 羅列 ）	ずらりと並べること。 他例 網羅《もうら》・修羅場《しゅらば》
02	（ 豪邸 ）	大きくてぜいたくな造りの家。 他例 官邸《かんてい》・邸宅《ていたく》・別邸《べってい》
03	（ 充血 ）	からだの一部の動脈に血が異常に集まること。 他例 充実《じゅうじつ》・拡充《かくじゅう》・充当《じゅうとう》
04	（ 逸 ）	逸する＝失う。のがす。 他例 散逸《さんいつ》・逸話《いつわ》・逸材《いつざい》・逸脱《いつだつ》
05	（ 銘 ）	銘ずる＝深く心にきざみつける。 他例 座右《ざゆう》の銘《めい》・感銘《かんめい》
06	（ 偽 ）	偽り＝真実でないこと。うそ。 他例 偽札《にせさつ》・偽者《にせもの》
07	（ 泥縄 ）	事が起こってから慌てて行動を起こすこと。「泥棒を捕らえて縄をなう」の略。 他例 縄張《なわば》り・麻縄《あさなわ》
08	（ 阻 ）	阻む＝防ぎ止める。
09	（ 担 ）	担ぐ＝重いものを肩にのせ支える。 他例 担《にな》う
10	（ 契 ）	契る＝固く約束する。夫婦の約束を結ぶ。

でる度 ★★★

書き取り②

次の――線のカタカナを漢字に直せ。

□ 01　結果にはウンデイの差があった。（　　　）

□ 02　あっさりと前言をテッカイした。（　　　）

□ 03　恒久的な平和をカツボウする。（　　　）

□ 04　ソウチョウな雰囲気の式だった。（　　　）

□ 05　ジギを得た忠告に従う。（　　　）

□ 06　練習をナマけてはいけない。（　　　）

□ 07　彼はよく機転のキく人だ。（　　　）

□ 08　始めたらアトモドりはできない。（　　　）

□ 09　ネコヤナギが微風に揺れる。（　　　）

□ 10　カセいだ金は貯金している。（　　　）

合格点	得点
8/10	/10

でる度 ★★★ ★★ ★

解答		解説
01	(雲泥)	雲泥《うんでい》の差《さ》=大きな差があること。 他例 拘泥《こうでい》・泥酔《でいすい》・泥流《でいりゅう》
02	(撤回)	一度出したものをとりやめること。ひっこめること。 他例 撤廃《てっぱい》・撤去《てっきょ》
03	(渇望)	のどがかわいた時に水を求めるように、切実に願い望むこと。 他例 渇水《かっすい》・渇《かっ》する
04	(荘重)	おごそかで重々しいさま。 他例 荘厳《そうごん》
05	(時宜)	時がちょうどよいこと。ころあい。 他例 便宜《べんぎ》・適宜《てきぎ》
06	(怠)	怠ける=やるべき事をきちんと行わない。
07	(利)	利く=よく動き働く。 他例 腕《うで》利《き》き・目《め》利《き》き
08	(後戻)	後戻り=来た方向に引き返すこと。
09	(猫柳)	川辺などに自生する、ヤナギ科の落葉低木。
10	(稼)	稼ぐ=働いて収入を得る。

でる度 ★★★

書き取り③

次の――線のカタカナを漢字に直せ。

□ **01** テツビンの湯が沸いた。（　　）

□ **02** 忠告をゲンシュクに受け止める。（　　）

□ **03** コウハイした農地を再生させる。（　　）

□ **04** ごソウケンのことと存じます。（　　）

□ **05** 寝室をカーテンでシャコウする。（　　）

□ **06** サルシバイでごまかされない。（　　）

□ **07** チカいの言葉を述べる。（　　）

□ **08** 問題をタナアげにする。（　　）

□ **09** 相手をアナドって墓穴を掘る。（　　）

□ **10** 馬のハナヅラを優しくなでる。（　　）

合格点 8/10 得点 /10

でる度 ★★★ ★★ ★

	解答	解説
01	(鉄瓶)	口とつるのある、鋳鉄製の湯わかし器。 他例 花瓶《かびん》・瓶詰《びんづめ》
02	(厳粛)	おごそかで心の引き締まるようす。 他例 静粛《せいしゅく》
03	(荒廃)	あれ果てた状態になること。 他例 撤廃《てっぱい》・廃棄《はいき》・廃物《はいぶつ》
04	(壮健)	すこやかでじょうぶなこと。 他例 壮大《そうだい》・壮烈《そうれつ》・壮絶《そうぜつ》・壮観《そうかん》
05	(遮光)	光をさえぎること。 他例 遮音《しゃおん》・遮断《しゃだん》
06	(猿芝居)	底の見えすいた愚かなたくらみ。
07	(誓)	誓い＝固く約束すること。また、その言葉。
08	(棚上)	棚上げ＝ある問題の解決・処理を保留して先へ延ばすこと。 他例 棚卸《たなおろ》し・棚引《たなび》く
09	(侮)	侮る＝相手の力を見下げる。ばかにする。さげすむ。
10	(鼻面)	鼻の先端。鼻さき。 他例 外面《そとづら》・面構《つらがま》え

でる度 ★★★

書き取り ④

次の——線のカタカナを漢字に直せ。

□ **01** 白いカイキンシャツを着る。 (　　)

□ **02** ヘイコウ感覚を失って倒れた。 (　　)

□ **03** 起業のためにユウシを受ける。 (　　)

□ **04** 糖尿病のショウレイを調べる。 (　　)

□ **05** キュウすれば通ず。 (　　)

□ **06** 背広とツり合うネクタイ。 (　　)

□ **07** 岩石をクダいて砂利にする。 (　　)

□ **08** サトったような口調で話す。 (　　)

□ **09** 畑にウネをつくる。 (　　)

□ **10** 赤いハナオのげたを履く。 (　　)

合格点	得点
8/10	/10

でる度 ★★★ ★★ ★

解答	解説
01（ 開襟 ）	えり元を開くこと。また、開いたえり。 他例 胸襟《きょうきん》
02（ 平衡 ）	平衡感覚《へいこうかんかく》＝全身の位置やつり合いを感知する感覚。 他例 均衡《きんこう》
03（ 融資 ）	必要な資金を銀行などが貸し出すこと。 他例 融通《ゆうずう》・融合《ゆうごう》・融解《ゆうかい》
04（ 症例 ）	病気やけがの状態の例。 他例 炎症《えんしょう》・発症《はっしょう》
05（ 窮 ）	窮《きゅう》すれば通《つう》ず＝行きづまって困ると、かえって切り抜ける方法が見つかる。 他例 窮地《きゅうち》・窮余《きゅうよ》・窮屈《きゅうくつ》
06（ 釣 ）	釣《つ》り合《あ》う＝よく調和する。似合っている。
07（ 砕 ）	砕く＝壊してこなごなにする。
08（ 悟 ）	悟る＝深く理解する。
09（ 畝 ）	作物を植えたり種をまいたりするため、畑の土を平行に盛り上げた所。
10（ 鼻緒 ）	げたやぞうりの足の指をかけるひも。

でる度★★★ 書き取り⑤

次の——線のカタカナを漢字に直せ。

□ **01** 成人式で記念品をゾウテイする。（　　　）

□ **02** エンがなかったと思って諦める。（　　　）

□ **03** 勝ち負けにコウデイする。（　　　）

□ **04** 彼はドタンバで力を発揮する。（　　　）

□ **05** ぼう然としてコクウを見つめる。（　　　）

□ **06** 品の良さをカモし出す。（　　　）

□ **07** 彼の言動が気にサワる。（　　　）

□ **08** 候補者三名が激しくセる。（　　　）

□ **09** 会社が研修費用を出しシブる。（　　　）

□ **10** とてもナツかしい人に会った。（　　　）

合格点 8/10 得点 /10

でる度 ★★★

解答	解説
01 (贈呈)	人に物をおくること。 他例 進呈《しんてい》・露呈《ろてい》・呈《てい》する
02 (縁)	えにし。つながり。ゆかり。結婚や肉親の関係。
03 (拘泥)	こだわること。必要以上に気にすること。
04 (土壇場)	せっぱつまった場面。
05 (虚空)	何もない空間。
06 (醸)	醸《かも》し出《だ》す＝雰囲気などを自然に作り出す。
07 (障)	障る＝悪い影響を与える。害になる。
08 (競)	競る＝互いに勝とうとして激しく競うこと。
09 (渋)	渋る＝気が進まず、ぐずぐずする。
10 (懐)	懐かしい＝思い出されて恋しい。 他例 懐《ふところ》・懐《なつ》く

でる度 ★★★

書き取り⑥

次の——線のカタカナを漢字に直せ。

□ **01** 二枚の書類にオウインする。（　　）

□ **02** カブンにして存じません。（　　）

□ **03** 賄賂で人をカイジュウする。（　　）

□ **04** 政財界のユチャクを問題視する。（　　）

□ **05** 村の駅舎にリョシュウを感じる。（　　）

□ **06** あきらめずに最後までネバる。（　　）

□ **07** 友人のためにヒトハダ脱いだ。（　　）

□ **08** ナグられた痕がうっすら残る。（　　）

□ **09** 電波をサマタげる高いビル。（　　）

□ **10** 忘年会の参加者をツノる。（　　）

合格点 8/10　得点 /10

一番よくでるよ！

解答		解説
01	（ 押印 ）	判をおすこと。 他例 押収《おうしゅう》
02	（ 寡聞 ）	見聞が狭く浅いこと。
03	（ 懐柔 ）	うまく扱って、自分の思う通りに従わせること。
04	（ 癒着 ）	あるべき関係をこえて、不正に深くつながり合うこと。 他例 治《ち》癒《ゆ》・快《かい》癒《ゆ》
05	（ 旅愁 ）	旅先で感じるものさびしさ。 他例 郷愁《きょうしゅう》・愁傷《しゅうしょう》
06	（ 粘 ）	粘る＝あきらめずに頑張る。
07	（ 一肌 ）	一肌《ひとはだ》脱《ぬ》ぐ＝本気になって力を貸す。 他例 肌《はだ》合《あ》い・肌色《はだいろ》
08	（ 殴 ）	殴る＝げんこつ・棒などで力を入れて打つ。
09	（ 妨 ）	妨げる＝物事の進行をじゃまする。
10	（ 募 ）	募る＝広く招き集める。

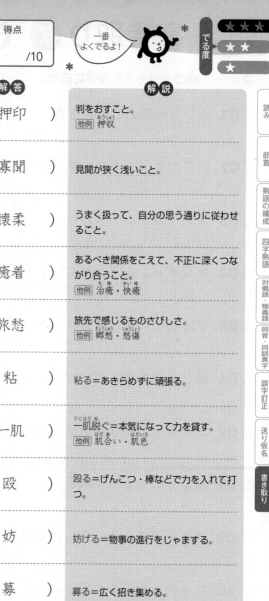

でる度 ★★★

書き取り 7

次の――線のカタカナを漢字に直せ。

□ **01** ネングの納めどきがきた。 (　　　)

□ **02** 師匠のクントウを一身に受ける。(　　　)

□ **03** 深刻なカソがすすむ村。 (　　　)

□ **04** マッチャを一服いかがですか。 (　　　)

□ **05** 宇宙船は無事にキカンした。 (　　　)

□ **06** 靴ひもがカランでほどけない。 (　　　)

□ **07** ニワトリの鳴き声が聞こえる。 (　　　)

□ **08** 読書で心をナグサめる。 (　　　)

□ **09** タマシイを込めて作った立像だ。(　　　)

□ **10** お寺のカネの音が響く。 (　　　)

合格点	得点
8/10	/10

でる度 ★★★

解答	解説
01 （ 年貢 ）	年貢《ねんぐ》の納《おさ》めどき＝物事をあきらめなくてはならない時。
02 （ 薫陶 ）	すぐれた人格でりっぱな人間に育て上げること。 他例 余薫《よくん》・薫風《くんぷう》
03 （ 過疎 ）	ある地域で人口が少なすぎること。 他例 疎通《そつう》
04 （ 抹茶 ）	茶うすでひいた粉状の茶。 他例 一抹《いちまつ》・抹消《まっしょう》
05 （ 帰還 ）	戦地など遠く離れたところから帰ること。 他例 奪還《だっかん》・返還《へんかん》・送還《そうかん》・還元《かんげん》
06 （ 絡 ）	絡む＝物に巻きつく。巻きついて離れなくなる。
07 （ 鶏 ）	キジ科の鳥。卵や肉を食用にする。
08 （ 慰 ）	何かをして、一時の悲しみや苦しみをまぎらす。
09 （ 魂 ）	心。精神。気持ち。
10 （ 鐘 ）	釣りがね。

でる度 ★★★

書き取り 8

次の——線のカタカナを漢字に直せ。

□ **01** カイキョウの情にひたる。（　　）

□ **02** 窓をゾウキンできれいに拭く。（　　）

□ **03** 自分の過ちを他人にテンカする。（　　）

□ **04** 当時の様子をニョジツに物語る。（　　）

□ **05** 数十社をサンカに持つ会社。（　　）

□ **06** 当選のアカツキには法案を通す。（　　）

□ **07** マボロシの名画を探し求める。（　　）

□ **08** 不法入国をミズギワで阻止する。（　　）

□ **09** ハダカの赤子を毛布でくるむ。（　　）

□ **10** 私にとって音楽は心のカテだ。（　　）

合格点	得点
8/10	/10

でる度 ★★★ ★★ ★

解答		解説
01	(懐郷)	故郷をなつかしく思うこと。望郷。
02	(雑巾)	よごれたものや場所をふくための布。
03	(転嫁)	責任や罪などを他人になすりつけること。
04	(如実)	現実と違わないこと。事実そのままであること。
05	(傘下)	大きな組織の支配を受ける立場にあること。
06	(暁)	将来、ある事柄が実現・成就した、その時。
07	(幻)	あると言われながら目にすることのできないもの。
08	(水際)	川や海などと陸地の接する所。また、物事が上陸する間際。 他例 一際《ひときわ》・手際《てぎわ》・際《きわ》どい
09	(裸)	服をぬいで肌をあらわにしていること。
10	(糧)	精神を豊かにし、活力を養うために必要なもの。

でる度 ★★★

書き取り⑨

次の——線のカタカナを漢字に直せ。

□ **01** ケイコウ色の看板で注意を促す。(　　)

□ **02** 会話文をカッコでくくる。(　　)

□ **03** ムダを省いて仕事をする。(　　)

□ **04** 和洋セッチュウの料理を作る。(　　)

□ **05** 本会議で議論がフットウした。(　　)

□ **06** 座禅をして心をミガく。(　　)

□ **07** 怒りのホノオが燃え上がる。(　　)

□ **08** 絹は手ザワりがよい。(　　)

□ **09** 幕で人目をサエギる。(　　)

□ **10** タツマキで作物に被害が出た。(　　)

合格点	得点
8/10	/10

でる度 ★★★

解答	解説
01（　蛍光　）	蛍光色《けいこうしょく》＝光などを受けると発光する色の総称。 他例 蛍雪《けいせつ》
02（　括弧　）	文章などを囲む記号。 他例 包括《ほうかつ》
03（　無駄　）	行ったり使ったりしても、その効果や益のないこと。 他例 駄賃《だちん》・駄駄《だだ》
04（折衷／折中）	和洋折衷《わようせっちゅう》＝生活様式などで日本風と西洋風を適当にうまくとりあわせること。 他例 衷心《ちゅうしん》・苦衷《くちゅう》
05（　沸騰　）	興奮・熱気などが激しく盛んになること。 他例 煮沸《しゃふつ》
06（　磨　）	磨く＝心・身体・技術などをよくきたえること。
07（　炎　）	恨み・怒りなど心の中に燃え立つ激情。
08（　触　）	触り＝さわること。また、ふれた感じ。
09（　遮　）	間に隔てになるものを置いて、向こうを見えなくする。
10（　竜巻　）	気圧の急変で発生する局地的な激しいつむじ風。

でる度
★★★

書き取り⑩

次の――線のカタカナを漢字に直せ。

□ **01** 消費者団体のスイショウ品です。（　　　）

□ **02** 項目をチクジ説明する。（　　　）

□ **03** 主人公がヒゴウの死を遂げる。（　　　）

□ **04** ピアノのセンリツを楽しむ。（　　　）

□ **05** 新型のエンジンをトウサイする。（　　　）

□ **06** 果物のシルを搾り出す。（　　　）

□ **07** 横暴な行政処分にイキドオる。（　　　）

□ **08** 犠牲者の死をイタみ黙とうする。（　　　）

□ **09** 決してツグナえない罪を犯す。（　　　）

□ **10** 着物の破れをツクロう。（　　　）

合格点	得点
8/10	/10

でる度 ★★★

解答	解説
01（ 推奨 ）	物や人のすぐれた点をほめて、人にすすめること。 他例 奨励《しょうれい》
02（ 逐次 ）	順を追って。順々に。 他例 駆逐《くちく》・逐年《ちくねん》・逐条《ちくじょう》
03（ 非業 ）	非業の死＝思いがけない災難などによって死ぬこと。 他例 罪業《ざいごう》
04（ 旋律 ）	メロディー。ふし。 他例 旋風《せんぷう》・旋盤《せんばん》
05（ 搭載 ）	機器・機能などを装備すること。 他例 搭乗《とうじょう》
06（ 汁 ）	物にふくまれている水分。つゆ。 他例 汁粉《しるこ》
07（ 憤 ）	憤る＝うらみ・いかりの気持ちをいだく。
08（ 悼 ）	悼む＝人の死を悲しみ嘆く。
09（ 償 ）	償う＝犯した罪やあやまちの埋め合わせを金品や労役で行う。
10（ 繕 ）	衣服などの破れ損じたところや物の壊れた箇所を直す。

でる度★★★

読み①

次の――線の漢字の読みをひらがなで記せ。

□ **01** 渉外担当を命じられる。（　）

□ **02** 知育偏重の教育が見直される。（　）

□ **03** 祝いの席で忌み言葉は御法度だ。（　）

□ **04** 彼はとても寛容だ。（　）

□ **05** 生きる権利を享有する。（　）

□ **06** 空漠とした恐怖感に襲われる。（　）

□ **07** 怒りが沸々とこみ上げてきた。（　）

□ **08** 二人は懇ろな間柄になった。（　）

□ **09** 西の方に宵の明星が見えた。（　）

□ **10** 敷地の割に建坪が少ない。（　）

合格点 8/10　得点 /10

でる度 ★★★ ★★ ★

解答	解説
01（しょうがい）	外部と連絡・交渉すること。 他例 渉猟《しょうりょう》・交渉《こうしょう》・干渉《かんしょう》
02（へんちょう）	あるものだけを特別に重んじること。 他例 偏狭《へんきょう》・偏向《へんこう》・偏在《へんざい》
03（ごはっと）	固く禁じられていること。 他例 法被《はっぴ》
04（かんよう）	心が広くて、よく人を受け入れること。 他例 寛大《かんだい》・寛厳《かんげん》
05（きょうゆう）	権利や能力など無形のものを生まれながらに持っていること。 他例 享楽《きょうらく》・享受《きょうじゅ》・享年《きょうねん》
06（くうばく）	はっきりせず、つかみどころのないさま。 他例 荒漠《こうばく》・広漠《こうばく》・漠然《ばくぜん》
07（ふつふつ）	感情がわきたつさま。 他例 煮沸《しゃふつ》
08（ねんご）	懇ろ＝親しく仲良くし合うさま。
09（よい）	宵《よい》の明星《みょうじょう》＝日没後に西の空に輝いて見える金星。
10（たてつぼ）	建物が占める土地の面積。 他例 坪庭《つぼにわ》

でる度 ★★★

読み②

次の――線の漢字の読みをひらがなで記せ。

□ 01 頑健な肉体を誇る。 （　　　）

□ 02 彼の苦衷を思いやる。 （　　　）

□ 03 習った単語を羅列する。 （　　　）

□ 04 囲碁の大会に出場する。 （　　　）

□ 05 この区域には多数の油井がある。（　　　）

□ 06 多忙で読書を楽しむ余裕もない。（　　　）

□ 07 隠れた不正を嫌悪する。 （　　　）

□ 08 三チームが首位の座を競る。 （　　　）

□ 09 運営は寄付金で賄われた。 （　　　）

□ 10 キラキラと星が瞬いている。 （　　　）

合格点	得点
8/10	/10

でる度 ★★

解答	解説
01（ がんけん ）	体ががっちりしていて非常に丈夫なさま。 他例 頑是無《がんぜな》い・頑固《がんこ》・頑迷《がんめい》
02（ くちゅう ）	思いを外に表すことが許されない、苦しい心の中。 他例 折衷《せっちゅう》
03（ られつ ）	ずらりと並べること。 他例 網羅《もうら》・甲羅《こうら》
04（ いご ）	碁を打つこと。 他例 碁盤《ごばん》・碁会《ごかい》・碁石《ごいし》
05（ ゆせい ）	石油をくむための井戸。 他例 市井《しせい》
06（ よゆう ）	ゆとりのあること。余りのあること。 他例 富裕《ふゆう》・裕福《ゆうふく》
07（ けんお ）	憎みきらうこと。 他例 憎悪《ぞうお》・悪寒《おかん》
08（ せ ）	競る＝互いに勝とうとして激しく競うこと。
09（ まかな ）	賄う＝処理する。きりもりする。
10（ またた ）	瞬く＝光がちらちらする。

でる度 ★★★

読み③

次の——線の漢字の読みをひらがなで記せ。

□ **01** 質問には丁寧に答える。 （　　　）

□ **02** 学会向けに論文の抄録を作る。 （　　　）

□ **03** 忍者のような身のこなしをする。（　　　）

□ **04** お使いをして母に駄賃をもらう。（　　　）

□ **05** 地方自治体が管轄する区域。 （　　　）

□ **06** 煩雑な仕事を後回しにする。 （　　　）

□ **07** 悠然と構えている姿に感服する。（　　　）

□ **08** この一帯を統べていた領主。 （　　　）

□ **09** 夜中の訪問は甚だ迷惑だ。 （　　　）

□ **10** 屋根から雨粒が滴り落ちる。 （　　　）

合格点 **8**/10 | 得点 /10

でる度 ★★

解答	解説
01（ていねい）	気をつけて念入りに扱うさま。 他例 安寧《あんねい》
02（しょうろく）	必要な部分だけ抜き書きしたもの。 他例 抄本《しょうほん》・抄訳《しょうやく》
03（にんじゃ）	忍術を使う者。しのびの者。 他例 堪忍《かんにん》・残忍《ざんにん》・堅忍《けんにん》
04（だちん）	労力への報酬。特に、使い走りや手伝いなどの礼として子供に与える金や物。 他例 駄弁《だべん》・駄文《だぶん》・駄々《だだ》・無駄《むだ》
05（かんかつ）	官庁や機関などが権限で支配すること。また、その支配の及ぶ範囲。 他例 直轄《ちょっかつ》・統轄《とうかつ》・総轄《そうかつ》・所轄《しょかつ》
06（はんざつ）	こみいっていてわずらわしいこと。 他例 煩悩《ぼんのう》・子煩悩《こぼんのう》
07（ゆうぜん）	ゆったりとしているさま。落ち着いて動じないさま。 他例 悠揚《ゆうよう》・悠久《ゆうきゅう》・悠長《ゆうちょう》
08（す）	統べる＝治める。支配する。
09（はなは）	甚だ＝非常に。たいそう。
10（したた）	滴る＝液状のものが、しずくとなって垂れ落ちる。

でる度★★★

読み④

次の――線の漢字の読みをひらがなで記せ。

□ **01** 交渉が決裂し同盟罷業を行う。（　　　）

□ **02** 自宅から証拠品が押収された。（　　　）

□ **03** 松は全国各地に遍在する。（　　　）

□ **04** 成仏するよう手を合わせて拝む。（　　　）

□ **05** 自身の内奥に潜む真理を探る。（　　　）

□ **06** 世話になった恩師にお酌をする。（　　　）

□ **07** 弔問に訪れる人が跡を絶たない。（　　　）

□ **08** 悪事を働くよう唆された。（　　　）

□ **09** 皮肉たっぷりに面当てを言う。（　　　）

□ **10** 芳しくない風評が立った。（　　　）

合格点 8/10 | 得点 /10

でる度 ★★

解答	解説
01（ひぎょう）	同盟罷業＝労働者が、一定の要求を通すために団結して仕事を休むこと。ストライキ。他例 罷免《ひめん》
02（おうしゅう）	裁判所や検察官が証拠物などを占有・確保すること。 他例 押印《おういん》・花押《かおう》
03（へんざい）	広く行き渡って存在すること。 他例 満遍《まんべん》なく・遍路《へんろ》
04（じょうぶつ）	死んで仏となること。 他例 成就《じょうじゅ》
05（ないおう）	精神などの奥深いところ。 他例 秘奥《ひおう》・奥羽《おうう》・深奥《しんおう》・胸奥《きょうおう》
06（しゃく）	酒をつぐ。 他例 媒酌《ばいしゃく》・晩酌《ばんしゃく》・酌量《しゃくりょう》
07（ちょうもん）	死者の遺族を訪問して悔やみを述べること。 他例 弔辞《ちょうじ》・弔意《ちょうい》・慶弔《けいちょう》
08（そそのか）	唆す＝さそいすすめる。特に、おだてて悪いことをする気にさせる。
09（つらあ）	面当て＝快く思わない人の前で、わざと意地悪な言動をすること。あてつけ。 他例 上《うわ》っ面《つら》・鼻面《はなづら》・矢面《やおもて》
10（かんば）	芳しい＝よい。りっぱだ。

でる度 ★★★

読み 5

次の——線の漢字の読みをひらがなで記せ。

□ 01 疾病に対応した保険。（　　）

□ 02 今までの横柄な態度を改めた。（　　）

□ 03 深い罪業を背負う。（　　）

□ 04 検疫の書類に必要事項を記す。（　　）

□ 05 湖水の自浄能力が低下する。（　　）

□ 06 一抹の不安をぬぐいきれない。（　　）

□ 07 解熱剤が効いてきたようだ。（　　）

□ 08 俳句を詠みたくなる風景だ。（　　）

□ 09 料亭で培った腕前。（　　）

□ 10 大会を中止する旨を通知する。（　　）

合格点 8/10　得点 /10

でる度 ★★

解答	解説
01（しっぺい）	病気。やまい。
02（おうへい）	えらそうな態度をして、無礼なさま。
03（ざいごう）	罪の結果としてのむくい。
04（けんえき）	感染症予防のため、病原体保有者や動植物の検査・消毒・隔離を行うこと。 他例 疫病神《やくびょうがみ》・免疫《めんえき》・防疫《ぼうえき》
05（じじょう）	自らの力できれいになること。 他例 浄化《じょうか》・不浄《ふじょう》・浄水《じょうすい》
06（いちまつ）	ほんの少し。ほんのわずか。 他例 抹消《まっしょう》・抹殺《まっさつ》・抹香《まっこう》・抹茶《まっちゃ》
07（げねつ）	病気で高くなった体温を下げること。 他例 解毒剤《げどくざい》・解脱《げだつ》
08（よ）	詠む＝詩や歌を作る。
09（つちか）	培う＝養い育てる。
10（むね）	述べたことの主な内容。また、そのねらいや意味。趣旨。

でる度 ★★★

読み 6

次の――線の漢字の読みをひらがなで記せ。

□ **01** 惰性で付き合うことをやめる。（　　　）

□ **02** 輸出入の均衡が崩れた。（　　　）

□ **03** 滋養がある食物を食べる。（　　　）

□ **04** 物理学の泰斗を迎える。（　　　）

□ **05** 判決を不服として控訴した。（　　　）

□ **06** 高尚な会話を楽しむ。（　　　）

□ **07** 宰相として責任ある行動を望む。（　　　）

□ **08** 負けたら潔く降参する。（　　　）

□ **09** 芝居の升席に招待された。（　　　）

□ **10** 料理は見栄えも重要だ。（　　　）

合格点	得点
8/10	/10

でる度 ★★★ ★★ ★

解答	解説
01 (だせい)	これまでの習慣や勢い。
02 (きんこう)	二つ以上の物事の間につりあいがとれていること。バランス。 他例 平衡《へいこう》
03 (じよう)	体の栄養となるもの。 他例 滋《じ》味《み》
04 (たいと)	「泰山北斗」の略。その道で、最も仰ぎ尊ばれる人。 他例 安泰《あんたい》・泰然《たいぜん》
05 (こうそ)	第一審の判決を不服として、上級裁判所に新たな判決を求めること。 他例 控除《こうじょ》
06 (こうしょう)	知的で程度が高く、上品な様子。 他例 尚早《しょうそう》・好尚《こうしょう》・尚武《しょうぶ》
07 (さいしょう)	総理大臣。首相。 他例 宰領《さいりょう》・主宰《しゅさい》
08 (いさぎよ)	潔い＝思い切りがよい。未練がましくない。
09 (ますせき)	相撲や芝居の会場の四角にしきった観客席。 他例 升《ます》目《め》
10 (みば)	見栄え＝外から見てりっぱなこと。外見がいいこと。

でる度 ★★★

読み 7

次の――線の漢字の読みをひらがなで記せ。

□ **01** 時宜にかなった提案。　(　　)

□ **02** 国王に謁見する機会を得た。　(　　)

□ **03** 入れたての煎茶を飲む。　(　　)

□ **04** 年年、輸出量が逓減している。　(　　)

□ **05** 国の将来を双肩に担う若者たち。(　　)

□ **06** 地主が小作料を搾取する。　(　　)

□ **07** ねじの穴が摩滅して広がる。　(　　)

□ **08** 病気に因って欠席します。　(　　)

□ **09** 仲間と悪事を謀る。　(　　)

□ **10** 酒を飲んで憂さを晴らす。　(　　)

合格点	得点
8/10	/10

でる度 ★★

解答 / 解説

01 （ じぎ ）
あることをするのに時期が適当であること。
他例 適宜《てきぎ》

02 （ えっけん ）
身分の高い人に面会する。
他例 拝謁《はいえつ》

03 （ せんちゃ ）
緑茶の一種。葉茶から煎じ出した茶。

04 （ ていげん ）
しだいに減ること。
他例 逓増《ていぞう》

05 （ そうけん ）
左右の肩。転じて、負担や責任などを背負うもののたとえ。
他例 比肩《ひけん》・強肩《きょうけん》

06 （ さくしゅ ）
しぼり取ること。資本家などが生産者から労働の成果を奪い取ること。
他例 圧搾《あっさく》

07 （ まめつ ）
すりへってなくなること。
他例 摩天楼《まてんろう》・摩耗《まもう》・摩擦《まさつ》

08 （ よ ）
因って＝それによって。それだから。したがって。

09 （ はか ）
謀る＝企てる。計画する。だます。

10 （ う ）
憂《う》さを晴《は》らす＝苦しみや陰鬱な気持ちをまぎらすこと。

でる度 ★★★

読み 8

次の――線の漢字の読みをひらがなで記せ。

□ **01** 相互扶助の精神を生かす。（　　）

□ **02** 因循な態度を改めなさい。（　　）

□ **03** 育苗したナスを畑に植え付ける。（　　）

□ **04** 古い鉄扉をとりかえる。（　　）

□ **05** 根も葉もないうわさが流布する。（　　）

□ **06** 衣替えした衣類を納戸にしまう。（　　）

□ **07** 工場の機械を全て稼動させる。（　　）

□ **08** 国民を興奮の渦に巻き込んだ。（　　）

□ **09** 全員の分を併せて注文する。（　　）

□ **10** 新緑薫る初夏の頃。（　　）

合格点	得点
8/10	/10

でる度 ★★★ ★★ ★

解答　解説

01 （　ふじょ　）
力を添えて助けること。援助。

02 （いんじゅん）
思い切りが悪くぐずぐずしているさま。
他例 循環《じゅんかん》

03 （いくびょう）
作物の苗を育てること。
他例 種苗《しゅびょう》

04 （　てっぴ　）
鉄製のとびら。
他例 門扉《もんぴ》

05 （　るふ　）
広く世間にひろまること。
他例 流浪《るろう》・遠流《おんる》

06 （　なんど　）
衣類や道具などをしまっておく部屋。
他例 納屋《なや》

07 （　かどう　）
機械を動かすこと。
他例 稼働《かどう》

08 （　うず　）
目まぐるしく動きがあるところのたとえ。
他例 渦潮《うずしお》・渦巻《うずま》く

09 （　あわ　）
併せる＝二つ以上の物をまとめて一つの物にする。

10 （　かお　）
薫る＝よいにおいがする。

でる度 ★★★

読み⑨

次の――線の漢字の読みをひらがなで記せ。

□ **01** 格子戸を開けて中に入る。（　　　）

□ **02** ストレスで胃潰瘍を患う。（　　　）

□ **03** 師の言葉を銘記しておこう。（　　　）

□ **04** 開襟は校則違反です。（　　　）

□ **05** 毎月の売り上げを累計する。（　　　）

□ **06** 水面に見事な渦紋を描く。（　　　）

□ **07** 殉教者の碑を建てる。（　　　）

□ **08** 目に見えない恐怖に脅かされる。（　　　）

□ **09** 人口は都市に偏りがちだ。（　　　）

□ **10** 敵を侮って油断した。（　　　）

合格点	得点
8/10	/10

でる度 ★★

解答 / 解説

解答	解説
01（こうしど）	木や竹を一定の間をすかして組んだ戸。 他例 格子窓《こうしまど》
02（かいよう）	皮膚や粘膜の組織の一部が深部まで崩れてただれること。
03（めいき）	深く心に刻みつけて忘れないこと。 他例 感銘《かんめい》・銘柄《めいがら》
04（かいきん）	襟元を開くこと。また、開いた襟。 他例 胸襟《きょうきん》
05（るいけい）	小計を次々に加え合わせていくこと。 他例 累積《るいせき》・係累《けいるい》
06（かもん）	うずまき模様。 他例 渦中《かちゅう》
07（じゅんきょう）	信仰のために自己の生命を犠牲にすること。 他例 殉職《じゅんしょく》・殉死《じゅんし》
08（おびや）	脅かす＝安定した状態などを危うくする。 他例 脅《おど》す
09（かたよ）	偏る＝一方へ寄り、均衡を欠く。
10（あなど）	侮る＝相手の力を見下げる。ばかにする。さげすむ。

でる度★★★

読み⑩

次の——線の漢字の読みをひらがなで記せ。

□ **01** 雨の日は憂鬱な気分になる。（　　）

□ **02** 椎間板に異状を感じる。（　　）

□ **03** 主役を任され役者冥利に尽きる。（　　）

□ **04** 彼女は三か国語を操る才媛だ。（　　）

□ **05** 社会に閉塞感が漂っている。（　　）

□ **06** 激しい葛藤にさいなまれる。（　　）

□ **07** 毎日ピアノの稽古をする。（　　）

□ **08** 転んで尻餅をついた。（　　）

□ **09** 壁に貼ったポスターが剝がれる。（　　）

□ **10** 固唾をのんで試合を見守る。（　　）

合格点	得点
8/10	/10

でる度 ★★

解答	解説
01（ゆううつ）	気持ちがしずんで心が晴れないこと。 他例 陰鬱《いんうつ》・鬱血《うっけつ》
02（ついかんばん）	背骨を形づくる椎骨と椎骨の間にある円板状の軟骨組織。 他例 脊椎《せきつい》・腰椎《ようつい》
03（みょうり）	冥利に尽きる＝受けた恩恵が自分の立場などにはもったいないほどありがたい。 他例 冥加《みょうが》・冥土《めいど》・冥福《めいふく》
04（さいえん）	高い教養・能力のある女性。
05（へいそく）	閉じてふさがること。 他例 梗塞《こうそく》・要塞《ようさい》
06（かっとう）	心の中で相反する感情が起こって、迷い悩むこと。 他例 葛根湯《かっこんとう》
07（けいこ）	技術・芸能・運動などを学び習うこと。 他例 滑稽《こっけい》
08（しりもち）	尻から後ろに倒れ落ちること。 他例 尻尾《しっぽ》・尻込《しりご》み
09（は）	剝がれる＝表面についていた物がとれてはなれる。
10（かたず）	固唾をのむ＝事の成り行きを緊張して見守る。 他例 眉唾《まゆつば》

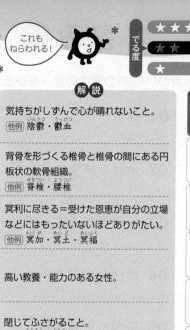

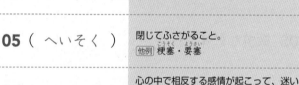

でる度
★★★

読み 11

次の――線の漢字の読みをひらがなで記せ。

□ **01** 錦秋の渓谷を一望する。　（　　）

□ **02** 余計な詮索は無用だ。　（　　）

□ **03** 妖艶な雰囲気を醸し出す女性。　（　　）

□ **04** 傲慢な態度を改める。　（　　）

□ **05** 緻密な計算を行う。　（　　）

□ **06** 検査で腫瘍が見つかった。　（　　）

□ **07** おそろいの法被で歩く。　（　　）

□ **08** 転んで膝頭を擦りむいた。　（　　）

□ **09** 小唄の教室に通っている。　（　　）

□ **10** 鍵穴から中をのぞいた。　（　　）

合格点	得点
8/10	/10

でる度 ★★

解答 / 解説

01（きんしゅう）
木々の紅葉がにしきのように美しい秋。

02（せんさく）
細かい点まで調べ求めること。
他例 詮議《せんぎ》・所詮《しょせん》

03（ようえん）
主に女性が、あやしいまでに美しくなまめかしいさま。
他例 妖怪《ようかい》

04（ごうまん）
おごりたかぶって礼儀に欠けること。
他例 傲然《ごうぜん》

05（ちみつ）
細かいところまでゆきとどいて、手抜かりがないこと。
他例 精緻《せいち》

06（しゅよう）
一部の細胞が異常に増殖したもの。
他例 潰瘍《かいよう》

07（はっぴ）
一般的には腰丈やひざ丈の羽織で、多くは祭りなど伝統的な行事で着用される。

08（ひざがしら）
膝の関節の前面。膝こぞう。
他例 膝掛《ひざか》け

09（こうた）
三味線に合わせて歌う短い歌曲。
他例 端唄《はうた》

10（かぎあな）
鍵を差し込むための錠にある穴。

でる度 ★★★

読み ⑫

次の――線の漢字の読みをひらがなで記せ。

□ **01** 教科書に付箋を立てる。（　　）

□ **02** 舞台で熱演して喝采を浴びる。（　　）

□ **03** 祖母は飼い猫を溺愛している。（　　）

□ **04** 畿内の古刹を車で巡る。（　　）

□ **05** ライバル会社の牙城を崩す。（　　）

□ **06** 読書三昧の毎日を過ごす。（　　）

□ **07** 目の前で焼かれた煎餅を食べる。（　　）

□ **08** 神前で恭しく頭を下げる。（　　）

□ **09** ビジネスの裾野を広げる。（　　）

□ **10** 丼勘定だった経営を改善する。（　　）

合格点	得点
8/10	/10

でる度 ★★★ ★★ ★

解答	解説
01（ ふせん ）	用件を書いたり目印にしたりして、本や書類にはりつける小さな紙。 他例 処方箋《しょほうせん》・一筆箋《いっぴつせん》
02（ かっさい ）	手をたたいたり声を上げたりして、ほめること。 他例 采配《さいはい》
03（ できあい ）	やたらにかわいがること。 他例 惑溺《わくでき》
04（ こさつ ）	古くて由緒のある寺。 他例 刹那《せつな》
05（ がじょう ）	強敵の根拠地。組織や勢力の中心部。 他例 歯牙《しが》・象牙《ぞうげ》
06（ ざんまい ）	自分の好きなことに熱中すること。 他例 曖昧《あいまい》
07（ せんべい ）	米粉や小麦粉などをこねて薄くのばし、味をつけて焼いた菓子。 他例 煎茶《せんちゃ》・煎《せん》じる
08（ うやうや ）	恭しい＝相手を敬って、礼儀正しく丁寧であるさま。
09（ すその ）	比喩的に、活動などの及ぶ範囲。 他例 裾上《すそあ》げ・山裾《やますそ》
10（ どんぶり ）	丼勘定＝細かい計算をせず、大ざっぱに金を出し入れすること。

でる度 ★★★

部首 1

次の漢字の部首を記せ。

□ 01 音（　　　　）

□ 02 栽（　　　　）

□ 03 殉（　　　　）

□ 04 斉（　　　　）

□ 05 竜（　　　　）

□ 06 索（　　　　）

□ 07 羅（　　　　）

□ 08 耗（　　　　）

□ 09 臭（　　　　）

□ 10 衷（　　　　）

合格点 8/10 | 得点 /10

でる度 ★★

解答 | 解説

01 （ 音 ）
おと
他例 出題範囲では、音と韻と響のみ。

02 （ 木 ）
き
他例 麓・架・棄・桑・染

03 （ 歹 ）
かばねへん・いちたへん・がつへん
他例 殊・殖・残・死

04 （ 斉 ）
せい
他例 出題範囲では、斉と斎のみ。

05 （ 竜 ）
りゅう
他例 出題範囲では、竜のみ。

06 （ 糸 ）
いと
他例 繭・累・緊・紫・繁

07 （ 罒 ）
あみがしら・あみめ・よこめ
他例 罵・罷・罰・署・罪

08 （ 耒 ）
すきへん・らいすき
他例 出題範囲では、耗と耕のみ。
注意 毛（け）ではない。

09 （ 自 ）
みずから
他例 出題範囲では、臭と自のみ。

10 （ 衣 ）
ころも
他例 褒・衰・袋・裂・襲
注意 口（くち）ではない。

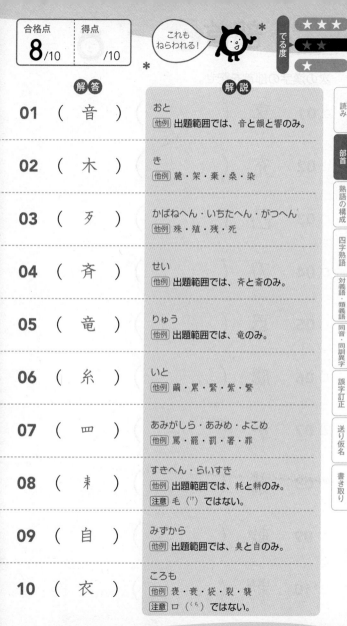

でる度 ★★★

部首②

次の漢字の部首を記せ。

□ 01　享（　　　　）

□ 02　充（　　　　）

□ 03　凸（　　　　）

□ 04　刃（　　　　）

□ 05　塁（　　　　）

□ 06　庸（　　　　）

□ 07　彰（　　　　）

□ 08　恭（　　　　）

□ 09　軟（　　　　）

□ 10　勅（　　　　）

合格点 8/10 ｜ 得点 /10

でる度 ★★★ ★★ ★

	解答	解説
01	（ 亠 ）	なべぶた・けいさんかんむり 他例 亭・亡・京・交
02	（ 儿 ）	ひとあし・にんにょう 他例 克・免・党・児・兆 注意 亠（なべぶた・けいさんかんむり）ではない。
03	（ 凵 ）	うけばこ 他例 出題範囲では、凸・凹・凶・出のみ。
04	（ 刀 ）	かたな 他例 券・初・切・刀・分
05	（ 土 ）	つち 他例 塞・塾・堕・墾・墜 注意 田（た）ではない。
06	（ 广 ）	まだれ 他例 庶・廃・廉・廊・床
07	（ 彡 ）	さんづくり 他例 彫・影・彩・形
08	（ 小 ）	したごころ 他例 出題範囲では、恭と慕のみ。
09	（ 車 ）	くるまへん 他例 轄・軌・軸・較・軒 注意 欠（あくび・かける）ではない。
10	（ 力 ）	ちから 他例 勃・効・勲・勘・募

でる度 ★★★

部首③

次の漢字の部首を記せ。

□ 01 煩（　　　　）

□ 02 磨（　　　　）

□ 03 薫（　　　　）

□ 04 呉（　　　　）

□ 05 塑（　　　　）

□ 06 了（　　　　）

□ 07 崇（　　　　）

□ 08 辱（　　　　）

□ 09 叙（　　　　）

□ 10 弊（　　　　）

合格点	得点
8/10	/10

これも ねらわれる!

でる度 ★★

解答	解説
01 （ 火 ）	ひへん 他例 炊・炉・煙・燥・爆 注意 頁（おおがい）ではない。
02 （ 石 ）	いし 他例 出題範囲では、磨・碁・石のみ。 注意 广（まだれ）ではない。
03 （ 艹 ）	くさかんむり 他例 萎・苛・蓋・葛・芯 注意 灬（れんが・れっか）ではない。
04 （ 口 ）	くち 他例 呂・嗣・唇・喪・呈
05 （ 土 ）	つち 他例 塞・塾・堕・塁・塗
06 （ 亅 ）	はねぼう 他例 出題範囲では、了・争・予・事のみ。
07 （ 山 ）	やま 他例 嵐・崖・岳・崩・岡
08 （ 辰 ）	しんのたつ 他例 出題範囲では、辱と農のみ。 注意 寸（すん）ではない。
09 （ 又 ）	また 他例 叔・双・又・及・収
10 （ 廾 ）	こまぬき・にじゅうあし 他例 出題範囲では、弊・弄・弁のみ。

でる度 ★★★

熟語の構成 1

熟語の構成のしかたには次のようなものがある。

ア 同じような意味の漢字を重ねたもの（**身体**）
イ 反対または対応の意味を表す字を重ねたもの（**長短**）
ウ 上の字が下の字を修飾しているもの（**会員**）
エ 下の字が上の字の目的語・補語になっているもの（**着火**）
オ 上の字が下の字の意味を打ち消しているもの（**非常**）

次の熟語は、上のどれにあたるか、記号で記せ。

□ **01** 懐郷（　　）

□ **02** 旅愁（　　）

□ **03** 往還（　　）

□ **04** 叙事（　　）

□ **05** 不偏（　　）

□ **06** 隠蔽（　　）

□ **07** 遮光（　　）

□ **08** 硬軟（　　）

□ **09** 弾劾（　　）

□ **10** 来賓（　　）

合格点 8/10 得点 /10

でる度 ★★

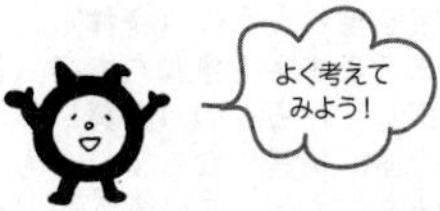

解答	解説
01 （ エ ）	懐郷《かいきょう》 「懐かしむ ← 故郷を」と解釈。
02 （ ウ ）	旅愁《りょしゅう》 「旅の → 愁い」と解釈。
03 （ イ ）	往還《おうかん》 「行く」↔「帰る」と解釈。
04 （ エ ）	叙事《じょじ》 「述べる ← 事実を」と解釈。
05 （ オ ）	不偏《ふへん》 「偏らない」と解釈。
06 （ ア ）	隠蔽《いんぺい》 どちらも「かくす」の意。
07 （ エ ）	遮光《しゃこう》 「遮る ← 光を」と解釈。
08 （ イ ）	硬軟《こうなん》 「硬い」↔「軟らかい」と解釈。
09 （ ア ）	弾劾《だんがい》 どちらも「罪を問う」の意。
10 （ ウ ）	来賓《らいひん》 「招いて来た → 客」と解釈。

でる度★★★

熟語の構成②

熟語の構成のしかたには次のようなものがある。

ア 同じような意味の漢字を重ねたもの（**身体**） **イ** 反対または対応の意味を表す字を重ねたもの（**長短**） **ウ** 上の字が下の字を修飾しているもの（**会員**） **エ** 下の字が上の字の目的語・補語になっているもの（**着火**） **オ** 上の字が下の字の意味を打ち消しているもの（**非常**）

次の熟語は、上のどれにあたるか、記号で記せ。

□ **01** 徹宵（　　）

□ **02** 疎密（　　）

□ **03** 不慮（　　）

□ **04** 享楽（　　）

□ **05** 危惧（　　）

□ **06** 頒価（　　）

□ **07** 禁錮（　　）

□ **08** 美醜（　　）

□ **09** 河畔（　　）

□ **10** 愚痴（　　）

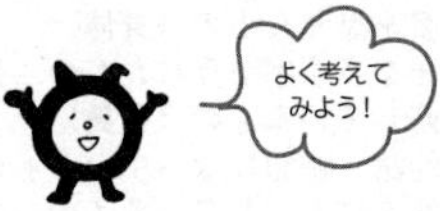

	解答	解説
01	（ エ ）	徹宵《てっしょう》 「徹する ← 夜を」と解釈。
02	（ イ ）	疎密《そみつ》 「粗い」↔「細かい」と解釈。
03	（ オ ）	不慮《ふりょ》 「思いがけない」と解釈。
04	（ エ ）	享楽《きょうらく》 「味わう ← 快楽を」と解釈。
05	（ ア ）	危惧《きぐ》 どちらも「あやぶむ」の意。
06	（ ウ ）	頒価《はんか》 「配るときの → 値段」と解釈。
07	（ ア ）	禁錮《きんこ》 どちらも「とじこめる」の意。
08	（ イ ）	美醜《びしゅう》 「美しい」↔「醜い」と解釈。
09	（ ウ ）	河畔《かはん》 「川の → ほとり」と解釈。
10	（ ア ）	愚痴《ぐち》 どちらも「おろか」の意。

でる度 ★★★

熟語の構成 ③

熟語の構成のしかたには次のようなものがある。

ア 同じような意味の漢字を重ねたもの（**身体**） **イ** 反対または対応の意味を表す字を重ねたもの（**長短**） **ウ** 上の字が下の字を修飾しているもの（**会員**） **エ** 下の字が上の字の目的語・補語になっているもの（**着火**） **オ** 上の字が下の字の意味を打ち消しているもの（**非常**）

次の熟語は、上のどれにあたるか、記号で記せ。

□ **01**　未来（　　　）

□ **02**　奇遇（　　　）

□ **03**　随時（　　　）

□ **04**　順逆（　　　）

□ **05**　上棟（　　　）

□ **06**　財閥（　　　）

□ **07**　享受（　　　）

□ **08**　任免（　　　）

□ **09**　余剰（　　　）

□ **10**　公僕（　　　）

合格点	得点
8/10	/10

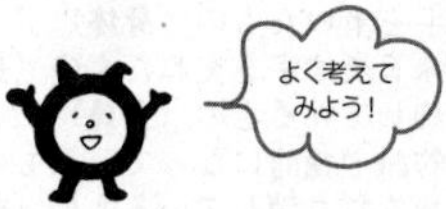

解答	解説
01 （ オ ）	未来《みらい》 「まだ来ていない」と解釈。
02 （ ウ ）	奇遇《きぐう》 「思いがけず → 会う」と解釈。
03 （ エ ）	随時《ずいじ》 「したがう ← 時に」と解釈。
04 （ イ ）	順逆《じゅんぎゃく》 「素直」↔「逆らう」と解釈。
05 （ エ ）	上棟《じょうとう》 「上げる ← 棟木を」と解釈。
06 （ ウ ）	財閥《ざいばつ》 「金銭のある → 家柄」と解釈。
07 （ ア ）	享受《きょうじゅ》 どちらも「うけとる」の意。
08 （ イ ）	任免《にんめん》 「任す」↔「やめさせる」と解釈。
09 （ ア ）	余剰《よじょう》 どちらも「あまる」の意。
10 （ ウ ）	公僕《こうぼく》 「おおやけの → しもべ」と解釈。

でる度 ★★★

熟語の構成 4

熟語の構成のしかたには次のようなものがある。

ア 同じような意味の漢字を重ねたもの（**身体**）
イ 反対または対応の意味を表す字を重ねたもの（**長短**）
ウ 上の字が下の字を修飾しているもの（**会員**）
エ 下の字が上の字の目的語・補語になっているもの（**着火**）
オ 上の字が下の字の意味を打ち消しているもの（**非常**）

次の熟語は、上のどれにあたるか、記号で記せ。

□ **01** 繊毛（　　）

□ **02** 施錠（　　）

□ **03** 功罪（　　）

□ **04** 未踏（　　）

□ **05** 需給（　　）

□ **06** 収賄（　　）

□ **07** 赦免（　　）

□ **08** 克己（　　）

□ **09** 寡少（　　）

□ **10** 渉猟（　　）

合格点	得点
8/10	/10

でる度 ★★

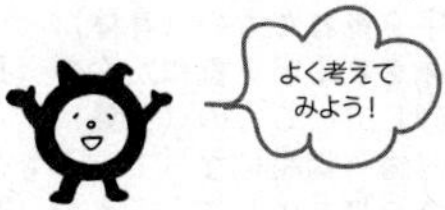

解答		解説
01	（ ウ ）	繊毛《せんもう》 「非常に細い → 毛」と解釈。
02	（ エ ）	施錠《せじょう》 「かける ← かぎを」と解釈。
03	（ イ ）	功罪《こうざい》 「てがら」↔「罪」と解釈。
04	（ オ ）	未踏《みとう》 「まだ踏み入れていない」と解釈。
05	（ イ ）	需給《じゅきゅう》 「需要」↔「供給」と解釈。
06	（ エ ）	収賄《しゅうわい》 「受けとる ← 賄賂を」と解釈。
07	（ ア ）	赦免《しゃめん》 どちらも「ゆるす」の意。
08	（ エ ）	克己《こっき》 「かつ ← 己に」と解釈。
09	（ ア ）	寡少《かしょう》 どちらも「少ない」の意。
10	（ ウ ）	渉猟《しょうりょう》 「歩きまわる → 猟」と解釈。

でる度 ★★★

熟語の構成 5

熟語の構成のしかたには次のようなものがある。

ア 同じような意味の漢字を重ねたもの（**身体**） イ 反対または対応の意味を表す字を重ねたもの（**長短**） ウ 上の字が下の字を修飾しているもの（**会員**） エ 下の字が上の字の目的語・補語になっているもの（**着火**） オ 上の字が下の字の意味を打ち消しているもの（**非常**）

次の熟語は、上のどれにあたるか、記号で記せ。

□ **01** 遷都（　　）

□ **02** 余韻（　　）

□ **03** 緩急（　　）

□ **04** 模擬（　　）

□ **05** 渉外（　　）

□ **06** 併記（　　）

□ **07** 興廃（　　）

□ **08** 出廷（　　）

□ **09** 不祥（　　）

□ **10** 義憤（　　）

合格点	得点
8/10	/10

でる度 ★★

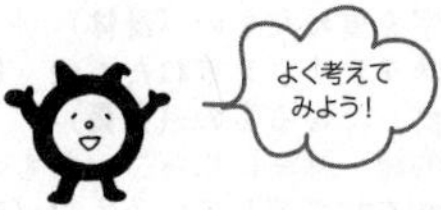

	解答	解説
01	（ エ ）	遷都《せんと》 「移す ← 首都を」と解釈。
02	（ ウ ）	余韻《よいん》 「残った → 音」と解釈。
03	（ イ ）	緩急《かんきゅう》 「おそい」↔「はやい」と解釈。
04	（ ア ）	模擬《もぎ》 どちらも「まねる」の意。
05	（ エ ）	渉外《しょうがい》 「交渉する ← 外部と」と解釈。
06	（ ウ ）	併記《へいき》 「並べて → 記す」と解釈。
07	（ イ ）	興廃《こうはい》 「栄える」↔「衰える」と解釈。
08	（ エ ）	出廷《しゅってい》 「出る ← 法廷に」と解釈。
09	（ オ ）	不祥《ふしょう》 「めでたくない」と解釈。
10	（ ウ ）	義憤《ぎふん》 「正義の → 怒り」と解釈。

でる度 ★★★

熟語の構成 ⑥

熟語の構成のしかたには次のようなものがある。

ア 同じような意味の漢字を重ねたもの（**身体**）
イ 反対または対応の意味を表す字を重ねたもの（**長短**）
ウ 上の字が下の字を修飾しているもの（**会員**）
エ 下の字が上の字の目的語・補語になっているもの（**着火**）
オ 上の字が下の字の意味を打ち消しているもの（**非常**）

次の熟語は、上のどれにあたるか、記号で記せ。

□ **01** 画趣（　　）

□ **02** 破戒（　　）

□ **03** 旦夕（　　）

□ **04** 閑職（　　）

□ **05** 遮蔽（　　）

□ **06** 好餌（　　）

□ **07** 遡源（　　）

□ **08** 不遜（　　）

□ **09** 冶金（　　）

□ **10** 畏怖（　　）

合格点	得点
8/10	/10

でる度 ★★★ ★★ ★

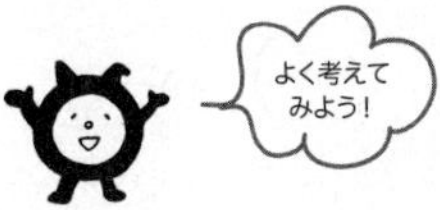

解答		解説
01	(ウ)	画趣《がしゅ》　「絵になる → 趣」と解釈。
02	(エ)	破戒《はかい》　「破る ← 戒めを」と解釈。
03	(イ)	旦夕《たんせき》　「朝」←→「夕」と解釈。
04	(ウ)	閑職《かんしょく》　「ひまな → 職務」と解釈。
05	(ア)	遮蔽《しゃへい》　どちらも「おおいかくす」の意。
06	(ウ)	好餌《こうじ》　「よい → 餌」と解釈。
07	(エ)	遡源《そげん》　「遡る ← 大本に」と解釈。
08	(オ)	不遜《ふそん》　「へりくだらない」と解釈。
09	(エ)	冶金《やきん》　「溶かす ← 金属を」と解釈。
10	(ア)	畏怖《いふ》　どちらも「おそれる」の意。

でる度 ★★★

四字熟語 1

次の四字熟語の（　）に入る適切な語を右の□の中から選び、漢字二字で記せ。

□ 01 粒粒（　　　）

□ 02（　　　）扇動

□ 03 泰山（　　　）

□ 04 暖衣（　　　）

□ 05 心頭（　　　）

□ 06 小心（　　　）

□ 07（　　　）無援

□ 08（　　　）無恥

□ 09（　　　）努力

□ 10（　　　）環視

きょうさ
こうがん
こりつ
しゅうじん
しんく
ふんれい
ほうしょく
ほくと
めっきゃく
よくよく

合格点	得点
8/10	/10

でる度 ★★

解答	解説
01 粒粒《りゅうりゅう》(辛苦《しんく》)	細かな努力を積み重ね、物事の完成・実現を目指すこと。
02 (教唆《きょうさ》)扇動《せんどう》	人をそそのかして、実際にある行動を起こすように仕向けること。
*03 泰山《たいざん》(北斗《ほくと》)	その分野で最も尊ばれる人。
04 暖衣《だんい》(飽食《ほうしょく》)	満ち足りた生活のたとえ。
*05 心頭《しんとう》(滅却《めっきゃく》)	無念無想の境地に至ること。
*06 小心《しょうしん》(翼翼《よくよく》)	気が小さくてびくびくしているさま。
07 (孤立《こりつ》)無援《むえん》	ひとりぼっちでだれからも助けが得られないこと。
*08 (厚顔《こうがん》)無恥《むち》	厚かましくて、恥知らずなさま。 他例 「無恥」が出題されることもある。
09 (奮励《ふんれい》)努力《どりょく》	気力を奮い起こし物事に努めはげむこと。
10 (衆人《しゅうじん》)環視《かんし》	多くの人が周りを取り囲んで見ていること。

※★付き番号は、意味を問われやすい問題

でる度 ★★★

四字熟語 ②

次の四字熟語の（　）に入る適切な語を右の□の中から選び、漢字二字で記せ。

□ 01 四分（　　　　）

□ 02（　　　　）落日

□ 03 勧善（　　　　）

□ 04 初志（　　　　）

□ 05（　　　　）無人

□ 06（　　　　）塞源

□ 07 円転（　　　　）

□ 08（　　　　）勃勃

□ 09（　　　　）奪胎

□ 10 明鏡（　　　　）

かつだつ
かんこつ
かんてつ
こじょう
ごれつ
しすい
ちょうあく
ばっぽん
ぼうじゃく
ゆうしん

合格点	得点
8/10	/10

	解答	解説
★01	四分《しぶん》（五裂《ごれつ》）	ばらばらになること。
★02	（孤城《こじょう》）落日《らくじつ》	勢いが衰えて、ひどく心細いさま。
03	勧善《かんぜん》（懲悪《ちょうあく》）	善をすすめ、悪をこらしめること。
04	初志《しょし》（貫徹《かんてつ》）	初めの志を最後までつらぬき通すこと。
★05	（傍若《ぼうじゃく》）無人《ぶじん》	人目もはばからず自分勝手な言動をすること。
06	（抜本《ばっぽん》）塞源《そくげん》	災いの原因になるものを、取り除くこと。
★07	円転《えんてん》（滑脱《かつだつ》）	とどこおらずに物事が進むこと。 他例「円転」が出題されることもある。
★08	（雄心《ゆうしん》）勃勃《ぼつぼつ》	勇気が盛んにわいてくること。
★09	（換骨《かんこつ》）奪胎《だったい》	他人の詩文の着想や形式を踏襲しつつ、自分独特のものに作りかえること。 他例「奪胎」が出題されることもある。
10	明鏡《めいきょう》（止水《しすい》）	やましいところがなく、心が澄みきっているさま。 他例「明鏡」が出題されることもある。

※★付き番号は、意味を問われやすい問題

でる度 ★★★

四字熟語 ③

次の四字熟語の（　）に入る適切な語を右の□の中から選び、漢字二字で記せ。

□ **01** 飛花（　　　）

□ **02** 進取（　　　）

□ **03** 詩歌（　　　）

□ **04** 眉目（　　　）

□ **05** 深山（　　　）

□ **06**（　　　）転変

□ **07** 時期（　　　）

□ **08**（　　　）一刻

□ **09** 天衣（　　　）

□ **10**（　　　）独尊

うい
かかん
かんげん
しゅうれい
しゅんしょう
しょうそう
むほう
ゆいが
ゆうこく
らくよう

合格点	得点
8/10	/10

でる度 ★★

	解答	解説
*01	飛花《ひか》（落葉《らくよう》）	絶えず移り変わるこの世の、無常なこと。
02	進取《しんしゅ》（果敢《かかん》）	積極的に新しい物事に取り組むこと。
03	詩歌《しいか》（管弦《かんげん》）	漢詩や和歌を詠んだり楽器を演奏したりすること。
*04	眉目《びもく》（秀麗《しゅうれい》）	顔だちが整っていて、とても美しいこと。 他例「眉目」が出題されることもある。
05	深山《しんざん》（幽谷《ゆうこく》）	奥深く静かな自然のこと。
06	（有為《うい》）転変《てんぺん》	世の中は無常であるということ。
07	時期《じき》（尚早《しょうそう》）	その時期にはまだ早いこと。
*08	（春宵《しゅんしょう》）一刻《いっこく》	春の夜は趣深く、その一刻は何ものにもかえがたい価値があること。
*09	天衣《てんい》（無縫《むほう》）	純粋で無邪気な性格であること。
10	（唯我《ゆいが》）独尊《どくそん》	自分だけが偉いとうぬぼれること。

※★付き番号は、意味を問われやすい問題

でる度 ★★★

四字熟語④

次の四字熟語の（　）に入る適切な語を
右の□の中から選び、漢字二字で記せ。

□ **01** 前代（　　　）

□ **02**（　　　）妄想

□ **03**（　　　）千里

□ **04** 英俊（　　　）

□ **05** 盛者（　　　）

□ **06** 冷汗（　　　）

□ **07**（　　　）衝天

□ **08** 気宇（　　　）

□ **09** 吉凶（　　　）

□ **10** 夏炉（　　　）

かふく
ごうけつ
こだい
さんと
そうだい
とうせん
どはつ
ひっすい
みもん
よくや

合格点	得点
8/10	/10

でる度 ★★

解答	解説
01 前代《ぜんだい》（未聞《みもん》）	今までに聞いたこともない珍しいこと。
02 （誇大《こだい》）妄想《もうそう》	自己の現状を実際よりおおげさに考え、事実と思いこむこと。 他例「妄想」が出題されることもある。
03 （沃野《よくや》）千里《せんり》	広々とした肥えて豊かな土地のこと。 他例「千里」が出題されることもある。
04 英俊《えいしゅん》（豪傑《ごうけつ》）	特に資質に優れ、大胆で力の強い人。 他例「英俊」が出題されることもある。
*05 盛者《じょうしゃ》（必衰《ひっすい》）	勢いの盛んな者も、いつかは必ずおとろえ滅びるものであるということ。 他例「盛者」が出題されることもある。
06 冷汗《れいかん》（三斗《さんと》）	恐ろしさや恥ずかしさで、ひどく冷や汗をかく様子。 他例「冷汗」が出題されることもある。
07 （怒髪《どはつ》）衝天《しょうてん》	大いに怒るさま。 他例「衝天」が出題されることもある。
08 気宇《きう》（壮大《そうだい》）	度量や構想などが大きいさま。 他例「気宇」が出題されることもある。
09 吉凶《きっきょう》（禍福《かふく》）	縁起がよく幸せなことと、縁起が悪く不幸せなこと。 他例「吉凶」が出題されることもある。
10 夏炉《かろ》（冬扇《とうせん》）	時季はずれで役に立たないもののたとえ。 他例「夏炉」が出題されることもある。

※★付き番号は、意味を問われやすい問題

でる度
★★★

四字熟語 5

次の四字熟語の（　）に入る適切な語を
右の□の中から選び、漢字二字で記せ。

□ 01 抑揚（　　　）

□ 02 （　　　）不遜

□ 03 良風（　　　）

□ 04 一目（　　　）

□ 05 羊質（　　　）

□ 06 玩物（　　　）

□ 07 抜山（　　　）

□ 08 （　　　）瓦鶏

□ 09 破綻（　　　）

□ 10 錦上（　　　）

がいせい
ごうがん
こひ
そうし
てんか
とうけん
とんざ
びぞく
ひゃくしゅつ
りょうぜん

合格点	得点
8/10	/10

でる度 ★★★ ★★ ★

解答	解説
01 抑揚《よくよう》(頓挫《とんざ》)	言葉などの調子の上げ下げを急変させること。
02 (傲岸《ごうがん》)不遜《ふそん》	思い上がって人を見下した態度を取ること。 他例 「不遜」が出題されることもある。
*03 良風《りょうふう》(美俗《びぞく》)	健康的で美しい風習のこと。
04 一目《いちもく》(瞭然《りょうぜん》)	ひと目ではっきりとわかるさま。
05 羊質《ようしつ》(虎皮《こひ》)	見かけ倒しで実質が伴わないことのたとえ。
06 玩物《がんぶつ》(喪志《そうし》)	珍奇な物に心を奪われて大切な志を失うこと。
07 抜山《ばつざん》(蓋世《がいせい》)	勢いが強く、自信に満ち、勇敢な気質のたとえ。
*08 (陶犬《とうけん》)瓦鶏《がけい》	形ばかりりっぱで、実際の役に立たないもののこと。 他例 「瓦鶏」が出題されることもある。
*09 破綻《はたん》(百出《ひゃくしゅつ》)	言動が一貫せず、欠点やほころびが次から次に現れること。 他例 「破綻」が出題されることもある。
10 錦上《きんじょう》(添花《てんか》)	善美なものの上に、さらに善美なものを加えること。 他例 「錦上」が出題されることもある。

※★付き番号は、意味を問われやすい問題

でる度 ★★★

対義語・類義語 1

右の□の中の語を一度だけ使って漢字に直し、対義語・類義語を記せ。

対義語

□ 01 決裂 ―（　　　）

□ 02 愛護 ―（　　　）

□ 03 覚醒 ―（　　　）

□ 04 病弱 ―（　　　）

□ 05 個別 ―（　　　）

類義語

□ 06 互角 ―（　　　）

□ 07 歴史 ―（　　　）

□ 08 奮戦 ―（　　　）

□ 09 無口 ―（　　　）

□ 10 困苦 ―（　　　）

いっせい
えんかく
かもく
かんとう
ぎゃくたい
さいみん
しんさん
そうけん
だけつ
はくちゅう

合格点	得点
8/10	/10

でる度 ★★

解答	解説
01 （ 妥結《だけつ》 ）	決裂《けつれつ》＝意見が対立して物別れになること。 妥結＝互いにゆずり合って話をまとめること。
02 （ 虐待《ぎゃくたい》 ）	愛護《あいご》＝かわいがり、大切にすること。 虐待＝ひどくいじめること。
03 （ 催眠《さいみん》 ）	覚醒《かくせい》＝目が覚めること。目を覚ますこと。 催眠＝暗示、薬物などにより、ねむけをもよおさせること。
04 （ 壮健《そうけん》 ）	病弱《びょうじゃく》＝体が弱く病気がちであること。 壮健＝体が丈夫で元気のあること。
05 （ 一斉《いっせい》 ）	個別《こべつ》＝一つ一つあつかうこと。 一斉＝複数のものを同時にあつかうこと。
06 （ 伯仲《はくちゅう》 ）	互角《ごかく》＝力量に優劣のないこと。 伯仲＝共にすぐれて優劣がないこと。
07 （ 沿革《えんかく》 ）	歴史《れきし》＝人間社会の時代ごとの変遷。また、その記録。 沿革＝物事の移り変わり。変遷。
08 （ 敢闘《かんとう》 ）	奮戦《ふんせん》＝力を尽くして戦うこと。 敢闘＝勇ましく戦うこと。
09 （ 寡黙《かもく》 ）	無口《むくち》＝口数の少ないさま。 寡黙＝言葉数が少ないさま。
10 （ 辛酸《しんさん》 ）	困苦《こんく》＝物や金がなくて困り苦しむこと。 辛酸＝つらく苦しいこと。 他例 苦難《くなん》―辛酸

でる度 ★★★

対義語・類義語 ②

右の□の中の語を一度だけ使って漢字に直し、対義語・類義語を記せ。

対義語

□ **01** 威圧 ―（　　　）

□ **02** 禁欲 ―（　　　）

□ **03** 富裕 ―（　　　）

□ **04** 欠乏 ―（　　　）

□ **05** 緩慢 ―（　　　）

類義語

□ **06** 湯船 ―（　　　）

□ **07** 考慮 ―（　　　）

□ **08** 平穏 ―（　　　）

□ **09** 反逆 ―（　　　）

□ **10** 来歴 ―（　　　）

あんねい
かいじゅう
きょうらく
しゃくりょう
じゅうそく
じんそく
ひんきゅう
むほん
ゆいしょ
よくそう

合格点	得点
8/10	/10

でる度 ★★

解答

01 （ 懐柔《かいじゅう》 ）

02 （ 享楽《きょうらく》 ）

03 （ 貧窮《ひんきゅう》 ）

04 （ 充足《じゅうそく》 ）

05 （ 迅速《じんそく》 ）

06 （ 浴槽《よくそう》 ）

07 （ 酌量《しゃくりょう》 ）

08 （ 安寧《あんねい》 ）

09 （ 謀反《むほん》 ）

10 （ 由緒《ゆいしょ》 ）

解説

01 威圧《いあつ》＝威力や威光などで相手をおさえつけること。
懐柔＝うまいことを言って抱き込むこと。

02 禁欲《きんよく》＝欲望・欲求をおさえること。
享楽＝思うままに快楽を味わうこと。

03 富裕《ふゆう》＝財産が多く生活の豊かなこと。
貧窮＝貧しく生活に困ること。

04 欠乏《けつぼう》＝必要なものが乏しくて足りないこと。
充足＝十分に満ち足りること。

05 緩慢《かんまん》＝動きなどがゆっくりしていてのろいこと。
迅速＝たいへん速いこと。

06 湯船《ゆぶね》＝風呂のお湯を入れるおけ。
浴槽＝入浴のためのお湯を入れるおけ。

07 考慮《こうりょ》＝物事を、いろいろな要素を含めてよく考えること。
酌量＝事情をくみ取ること。

08 平穏《へいおん》＝事件もなく穏やかなこと。
安寧＝世の中が穏やかなこと。

09 反逆《はんぎゃく》＝国家や主人などにそむくこと。
謀反＝臣下が主君にそむいて兵を挙げること。

10 来歴《らいれき》＝物事のこれまでの歴史。
由緒＝物事の起こりや筋道。

でる度 ★★★

対義語・類義語 3

右の□の中の語を一度だけ使って漢字に直し、対義語・類義語を記せ。

対義語

□ 01 横柄 ―（　　）

□ 02 任命 ―（　　）

□ 03 汚濁 ―（　　）

□ 04 末端 ―（　　）

□ 05 蓄積 ―（　　）

類義語

□ 06 昼寝 ―（　　）

□ 07 漂泊 ―（　　）

□ 08 祝福 ―（　　）

□ 09 難点 ―（　　）

□ 10 降格 ―（　　）

けいが
けっかん
けんきょ
ごすい
させん
しょうもう
せいちょう
ちゅうすう
ひめん
るろう

合格点	得点
8/10	/10

でる度 ★★★ ★★ ★

解答		解説
01	(謙虚《けんきょ》)	横柄《おうへい》＝無礼、無遠慮なこと。 謙虚＝控え目で、つつましいこと。
02	(罷免《ひめん》)	任命《にんめい》＝官職や役目につくことを命じること。 罷免＝職務をやめさせること。
03	(清澄《せいちょう》)	汚濁《おだく》＝よごれていること。 清澄＝清らかにすんでいること。
04	(中枢《ちゅうすう》)	末端《まったん》＝物事の中心から最も遠い部分。 中枢＝物事の中心となるおおもとのところ。
05	(消耗《しょうもう》)	蓄積《ちくせき》＝たまって増えること。 消耗＝使ってなくなること。
06	(午睡《ごすい》)	昼寝《ひるね》＝昼間に寝ること。 午睡＝ひるね。
07	(流浪《るろう》)	漂泊《ひょうはく》＝あてもなくさまよい歩くこと。 流浪＝所を定めないでさまよい歩くこと。
08	(慶賀《けいが》)	祝福《しゅくふく》＝幸福を祈り、また、祝うこと。 慶賀＝めでたいことを喜び祝うこと。
09	(欠陥《けっかん》)	難点《なんてん》＝非難すべき点。 欠陥＝不備な点。
10	(左遷《させん》)	降格《こうかく》＝階級や地位などが下がること。 左遷＝低い地位・官職に移すこと。

でる度 ★★★

対義語・類義語 4

右の□の中の語を一度だけ使って漢字に直し、対義語・類義語を記せ。

対義語

□ 01 永遠 ―（　　）

□ 02 進出 ―（　　）

□ 03 国産 ―（　　）

□ 04 狭量 ―（　　）

□ 05 特殊 ―（　　）

類義語

□ 06 無事 ―（　　）

□ 07 中核 ―（　　）

□ 08 一掃 ―（　　）

□ 09 根絶 ―（　　）

□ 10 翼下 ―（　　）

あんたい
かんだい
さんか
すうじく
せつな
てったい
はくらい
ふっしょく
ふへん
ぼくめつ

合格点	得点
8/10	/10

でる度 ★★

解答 / **解説**

01 （ 刹那《せつな》 ）
永遠《えいえん》＝いつまでも果てしなく続くこと。
刹那＝きわめて短い時間。瞬間。

02 （ 撤退《てったい》 ）
進出《しんしゅつ》＝勢力を拡張したり新たな方面へ進み出たりすること。
撤退＝軍隊などが退くこと。

03 （ 舶来《はくらい》 ）
国産《こくさん》＝自国で生産・産出されること。
舶来＝外国から運ばれてくること。

04 （ 寛大《かんだい》 ）
狭量《きょうりょう》＝度量が狭く、小さいこと。
寛大＝心が広く、ゆったりしていること。

05 （ 普遍《ふへん》 ）
特殊《とくしゅ》＝ふつうと違っていて特別なこと。
普遍＝あらゆることに共通すること。

---

06 （ 安泰《あんたい》 ）
無事《ぶじ》＝事故や失敗、病気などがないこと。
安泰＝安全で無事なこと。
［他例］平穏《へいおん》—安泰　静穏《せいおん》—安泰

07 （ 枢軸《すうじく》 ）
中核《ちゅうかく》＝物事の中心。重要な部分。
枢軸＝物事の中心となる部分。

08 （ 払拭《ふっしょく》 ）
一掃《いっそう》＝すっかりはらいのけること。
払拭＝すっかり取り除くこと。

09 （ 撲滅《ぼくめつ》 ）
根絶《こんぜつ》＝根絶やしにすること。
撲滅＝完全に討ちほろぼすこと。

10 （ 傘下《さんか》 ）
翼下《よっか(よくか)》＝勢力の範囲内。
傘下＝権力を持つ人や組織などの指導・支配を受ける立場にあること。

でる度 ★★★

同音・同訓異字 1

次の――線のカタカナを漢字に直せ。

□ 01 カイキンのシャツを着る。（　　）

□ 02 カイキンして表彰された。（　　）

□ 03 ジョウザイを募り寺を補修する。（　　）

□ 04 ジョウザイの風邪薬を飲む。（　　）

□ 05 病気のショウレイを説明する。（　　）

□ 06 時差通勤をショウレイする。（　　）

□ 07 閣僚のコウテツが相次いだ。（　　）

□ 08 コウテツのような体が自慢の兄。（　　）

□ 09 甲高い子供の声が耳にサワる。（　　）

□ 10 動物をサワることができない。（　　）

合格点	得点
8/10	/10

でる度 ★★★ ★★ ★

解答		解説
01	（ 開襟 ）	えりを開くこと。また、開くようにしたえり。
02	（ 皆勤 ）	一定期間内を、休まずに出席・出勤すること。
03	（ 浄財 ）	寺・慈善事業などに寄付する金。
04	（ 錠剤 ）	粉薬などを飲みやすい形に固めた薬。
05	（ 症例 ）	病気の状態の例。
06	（ 奨励 ）	あることをすすめはげますこと。
07	（ 更迭 ）	ある地位・役目の人をかえること。
08	（ 鋼鉄 ）	炭素を少量含んだかたい鉄。
09	（ 障 ）	耳《みみ》に障《さわ》る＝聞いていて不快になる。
10	（ 触 ）	触る＝からだの一部で物にふれる。

でる度 ★★★

同音・同訓異字 ❷

次の——線のカタカナを漢字に直せ。

□ 01 夜空に輝くカゲンの月。 (　　)

□ 02 健康のため塩カゲンを調節する。(　　)

□ 03 火事で三軒がエンショウした。(　　)

□ 04 肩のエンショウで降板した。 (　　)

□ 05 コウショウな趣味をたしなむ。 (　　)

□ 06 時代コウショウが確かな映画だ。(　　)

□ 07 ショウガイ独身で暮らす。 (　　)

□ 08 顧客とのショウガイにあたる。 (　　)

□ 09 家の軒先にツバメがスを作る。 (　　)

□ 10 夕食にスの物を食べた。 (　　)

合格点	得点
8/10	/10

でる度 ★★

	解答	解説
01	(下弦)	下弦《かげん》の月《つき》＝弓のつるを下向きにしたような形で沈んでいく月。
02	(加減)	ほどよく調節すること。また、その程度。
03	(延焼)	火事が燃え広がること。
04	(炎症)	発熱や痛み、機能障害などを起こす状態。
05	(高尚)	知的で上品なようす。 他例 交渉《こうしょう》・口承《こうしょう》・公称《こうしょう》
06	(考証)	古い事柄について、文献や事物などを調べて考察し、説明すること。
07	(生涯)	この世に生きている間。一生の間。終生。
08	(渉外)	外部と連絡すること。
09	(巣)	鳥・獣・虫などのすみか。 他例 擦《す》る・刷《す》る
10	(酢)	酸味のある調味料。

でる度
★★★

同音・同訓異字 ③

次の――線のカタカナを漢字に直せ。

□ 01 ホンポウ初演の組曲を指揮する。（　　）

□ 02 彼女は自由ホンポウな人だ。（　　）

□ 03 ユウカイ事件の犯人が捕まる。（　　）

□ 04 雪のユウカイ水を利用する。（　　）

□ 05 荒地をカイコンする。（　　）

□ 06 カイコンの涙を流す。（　　）

□ 07 事故で道路がジュウタイする。（　　）

□ 08 三列ジュウタイに整列する。（　　）

□ 09 小さな茶わんにご飯をモる。（　　）

□ 10 モが発生した水槽を掃除する。（　　）

合格点	得点
8/10	/10

でる度 ★★★ ★★ ★

	解答	解説
01	（ 本邦 ）	わが国。 他例 本俸《ほんぽう》
02	（ 奔放 ）	常識や規範にとらわれず、自分の思うままにふるまうこと。
03	（ 誘拐 ）	人をだましてさそい出し、連れ去ること。
04	（ 融解 ）	固体が熱せられて液体になること。
05	（ 開墾 ）	山野を切り開いて農耕できる田畑にすること。
06	（ 悔恨 ）	過ちを後でくやみ、残念に思うこと。
07	（ 渋滞 ）	とどこおって進まないこと。
08	（ 縦隊 ）	たてに並んだ組の列。
09	（ 盛 ）	盛る＝器にうずたかく入れる。 他例 喪《も》・漏《も》れる
10	（ 藻 ）	水の中に生えて光合成を行う植物の総称。

でる度 ★★★

同音・同訓異字 ④

次の――線のカタカナを漢字に直せ。

□ **01** 食品に含まれるテンカ物を示す。（　　）

□ **02** 責任をテンカしてはいけない。（　　）

□ **03** ダトウな方針と言える。（　　）

□ **04** 一方的に相手をダトウした。（　　）

□ **05** 勝敗は主将のソウケンにかかる。（　　）

□ **06** ご両親はごソウケンですか。（　　）

□ **07** 企業のケンエキを確保する。（　　）

□ **08** ケンエキのため停船する。（　　）

□ **09** 友人同士の仲をサく。（　　）

□ **10** 時間をサいて病人を見舞う。（　　）

合格点	得点
8/10	/10

でる度 ★★★ ★★ ★

解答	解説
01 (添加)	添加物=味付けや防腐などのために加えるもの。
02 (転嫁)	責任や罪などを他人になすりつけること。
03 (妥当)	判断や処理に無理がなく、適切でふさわしいさま。
04 (打倒)	うちたおすこと。うち負かすこと。
05 (双肩)	左右のかた。転じて、負担や責任などを背負うもののたとえ。
06 (壮健)	すこやかでじょうぶなこと。
07 (権益)	権利と利益。
08 (検疫)	感染症予防のために、ある地域に出入りする人や物を検査し、必要な処置をとること。
09 (裂)	裂く=親しい関係にある者どうしを無理に離す。
10 (割)	割く=一部を分けて他の用にあてる。

でる度★★★

同音・同訓異字 5

次の——線のカタカナを漢字に直せ。

□ **01** ケンキョな気持ちで応対する。（　　）

□ **02** 道路交通法違反でケンキョする。（　　）

□ **03** カビンに数本の菊を生ける。（　　）

□ **04** 試験前は神経がカビンになる。（　　）

□ **05** 注意することがカンヨウだ。（　　）

□ **06** 彼はカンヨウな心の持ち主だ。（　　）

□ **07** 組合のコウリョウを策定する。（　　）

□ **08** コウリョウたる心象風景だ。（　　）

□ **09** 暑くて喉がカワいた。（　　）

□ **10** 冬のカワいた空気。（　　）

合格点	得点
8/10	/10

でる度 ★★

解答	解説
01 （ 謙虚 ）	自分を誇らず、ひかえめな様子。
02 （ 検挙 ）	容疑者を警察署に連行すること。
03 （ 花瓶 ）	花を生けるつぼ形または筒形の器。
04 （ 過敏 ）	感受性が強すぎるさま。感じ方がふつうより鋭いさま。
05 （ 肝要 ）	きわめて大切なこと。 他例 慣用《かんよう》・観葉《かんよう》
06 （ 寛容 ）	心が広くて、よく人を受け入れるさま。
07 （ 綱領 ）	政党などの団体の政策・方針などの基本を示したもの。
08 （ 荒涼 ）	精神的・物質的に満たされず、生活・気持ちなどがすさんでいるさま。
09 （ 渇 ）	渇く＝のどがからからになって、水分が欲しくなる。
10 （ 乾 ）	乾く＝物に含まれている湿気・水分がなくなる。

でる度 ★★★

誤字訂正 1

次の各文にまちがって使われている同じ読みの漢字が一字ある。左に誤字を、右に正しい漢字を記せ。

□ **01** 宇宙空間を漂う小惑星が実際に地球に障突する確率は、極めて低いものの皆無ではないとされる。　**誤**（　　）⇒ **正**（　　）

□ **02** 国内の激しい反対運動で決裂が予想された通商交招は、例外条項の付記で一転締結の方向に傾いた。　**誤**（　　）⇒ **正**（　　）

□ **03** 場内には一般ファン向けの遣花台が設置され、試合前には関係者全員で冥福を祈った。　**誤**（　　）⇒ **正**（　　）

□ **04** 一般的な所得層でも十分に貢入できる価格帯であるという要件を満たす必要があった。　**誤**（　　）⇒ **正**（　　）

□ **05** 国内屈指の鉄鋼会社が合閉するという意向を示したことで、業界に激震が走った。　**誤**（　　）⇒ **正**（　　）

□ **06** アメリカにおける地価の暴落が主要銀行の信用不安を招き、世界的な金裕危機へと発展した。　**誤**（　　）⇒ **正**（　　）

□ **07** 四重奏の線律が静寂だった館内に心地よく響き渡り、訪れた聴衆を一気に魅了した。　**誤**（　　）⇒ **正**（　　）

□ **08** 子供の頃に両親と美術館で見た名画に感鳴を受けた青年は、後世絵描きとして大成した。　**誤**（　　）⇒ **正**（　　）

合格点	得点
7/8	/8

でる度 ★★★ ★★ ★

解答　**解説**

	誤		正	
01	（障）	⇒	（衝）	衝突《しょうとつ》＝物と物とが激しくぶつかること。
02	（招）	⇒	（渉）	交渉《こうしょう》＝問題解決のためにかけ合うこと。
03	（遣）	⇒	（献）	献花《けんか》＝神前または霊前に花を供えること。また、その花。
04	（貢）	⇒	（購）	購入《こうにゅう》＝買うこと。買い入れること。
05	（閉）	⇒	（併）	合併《がっぺい》＝一つに合わさること。
06	（裕）	⇒	（融）	金融《きんゆう》＝お金の貸し借り。
07	（線）	⇒	（旋）	旋律《せんりつ》＝メロディー。ふし。
08	（鳴）	⇒	（銘）	感銘《かんめい》＝忘れられないほど、心に深い感動を受けること。

でる度 ★★★

誤字訂正 ②

次の各文にまちがって使われている同じ読みの漢字が一字ある。左に誤字を、右に正しい漢字を記せ。

□ **01** 施工業者から建物の壁面に多数の亀裂が発見されたと指的を受け、家主は早急な対応策を練った。
誤（　　）⇒ 正（　　）

□ **02** 重症例は極めてまれだが、幼児や老人が大量に摂取すると重徳な症状に陥ることがある。
誤（　　）⇒ 正（　　）

□ **03** 少子高齢化の中で開催された町内の秋祭りは予想以上の人出でにぎわい、活況を提している。
誤（　　）⇒ 正（　　）

□ **04** 増築を重ねた結果、旅館は迷路のようになっており、消火線、避難設備にも不備があった。
誤（　　）⇒ 正（　　）

□ **05** 弁護側は、被告人が政界から引退したことや体調不良の訴えから、執行裕予付きの判決を求めている。
誤（　　）⇒ 正（　　）

□ **06** 焼却炉内で起きた事故ということで、その原因の特定に向けた詳細な分跡結果の発表が待たれている。
誤（　　）⇒ 正（　　）

□ **07** 政治的な迫害を逃れて祖国を離れた多くの難民に対して、世界中に支縁の輪が広がっている。
誤（　　）⇒ 正（　　）

□ **08** 低燃費のエンジンを搭載して軽量化の実現に成功した新型車が満を持して登場し被露された。
誤（　　）⇒ 正（　　）

合格点 7/8　得点 /8

これも ねらわれる！

でる度 ★★

	解答 誤	正	解説
01	（的）	⇒（摘）	指摘《してき》＝取り上げて具体的に指し示すこと。
02	（徳）	⇒（篤）	重篤《じゅうとく》＝病状が非常に重いこと。
03	（提）	⇒（呈）	呈《てい》する＝ある状態をあらわす。
04	（線）	⇒（栓）	消火栓《しょうかせん》＝消火用に設けられた水道管の開閉装置。
05	（裕）	⇒（猶）	猶予《ゆうよ》＝日時を先に延ばすこと。
06	（跡）	⇒（析）	分析《ぶんせき》＝複雑な物事をそれぞれの要素ごとに分けて明らかにすること。
07	（縁）	⇒（援）	支援《しえん》＝力を貸して助けること。
08	（被）	⇒（披）	披露《ひろう》＝広く発表すること。

でる度 ★★★

誤字訂正 ③

次の各文にまちがって使われている同じ読みの漢字が一字ある。左に誤字を、右に正しい漢字を記せ。

□ **01** 文献との矛盾点が多数見つかり、研究所は調査結果を徹回する事態になった。

誤（　　）⇒ 正（　　）

□ **02** 乾燥地帯での穀類や野菜の栽媒技術を確立することが、世界的な食糧問題の一助となり得る。

誤（　　）⇒ 正（　　）

□ **03** 石器時代の洞屈の天井や側面に描かれた壁画は、現存する人類最古の絵画である。

誤（　　）⇒ 正（　　）

□ **04** 全国大会に出場した途端、派手な装いをしている彼女は一約世間の脚光を浴びることになった。

誤（　　）⇒ 正（　　）

□ **05** 地元の古典芸能の由来を記した房大な資料が、散逸を免れて奇跡的に発見された。

誤（　　）⇒ 正（　　）

□ **06** 悪天候のなか続けられた救助活動は、二次災害の危険が考慮され一時的に中断を余宜なくされた。

誤（　　）⇒ 正（　　）

□ **07** 熱帯地方の多くの森林が、無秩序な抜採により今世紀中に消滅する危機を迎えている。

誤（　　）⇒ 正（　　）

□ **08** 目標に対する成果に応じ社員への報収を決める人事制度を導入する企業が急増している。

誤（　　）⇒ 正（　　）

合格点 7/8 | 得点 /8

でる度 ★★

	解答 誤	正	解説
01	（徹）	⇒（撤）	撤回《てっかい》＝いったん提出・公示したものなどを、取り下げること。
02	（媒）	⇒（培）	栽培《さいばい》＝食用・観賞用などのために、植物を植えて育てること。
03	（屈）	⇒（窟）	洞窟《どうくつ》＝がけや岩などにできたほらあな。
04	（約）	⇒（躍）	一躍《いちやく》＝一足飛びに。
05	（房）	⇒（膨）	膨大《ぼうだい》＝見きわめがつかないほど多量な状態。
06	（宜）	⇒（儀）	余儀《よぎ》ない＝しかたがない。やむをえない。
07	（抜）	⇒（伐）	伐採《ばっさい》＝木を切り倒すこと。
08	（収）	⇒（酬）	報酬《ほうしゅう》＝労働などへの対価として支払われる金銭・物品など。

でる度 ★★★

誤字訂正④

次の各文にまちがって使われている同じ読みの漢字が一字ある。左に誤字を、右に正しい漢字を記せ。

□ **01** 総理大臣に就任するとすぐに、破担した財政の再建と現実的な外交政策を展開した。
誤（　　）⇒ **正**（　　）

□ **02** 近隣は商業地と住宅地だったため、周辺地区では車両の混雑や渋滞が賓繁に発生した。
誤（　　）⇒ **正**（　　）

□ **03** 全国で産業排棄物が不法に河川にたれ流され、看過できない社会問題となっている。
誤（　　）⇒ **正**（　　）

□ **04** 大英博物館に収蔵されている貴重な美術品や文件資料の多くは個人の寄贈によるものである。
誤（　　）⇒ **正**（　　）

□ **05** 季節物の商品を早めに店頭に展開した場合、前年比で一割以上売り上げが延びるという見通しだ。
誤（　　）⇒ **正**（　　）

□ **06** 青年時代に諸国を辺歴しながら見聞したことが、革命家としての思想の構築に多大な影響を与えた。
誤（　　）⇒ **正**（　　）

□ **07** 文科省から全国学力調査を実仕する方針が示されると、早速新聞各紙で賛否両論が渦巻いた。
誤（　　）⇒ **正**（　　）

□ **08** 祖父が丹精込めて育てた盆彩の松が、先月の品評会で金賞を獲得した。
誤（　　）⇒ **正**（　　）

合格点	得点
7/8	/8

でる度 ★★

解答 / 解説

	誤	正	解説
01	（担）	⇒（綻）	破綻《はたん》＝物事が修復しようがないほどうまくいかなくなること。
02	（賓）	⇒（頻）	頻繁《ひんぱん》＝しきりに行われること。しばしばであること。
03	（排）	⇒（廃）	廃棄《はいき》＝不用なものとして捨て去ること。
04	（件）	⇒（献）	文献《ぶんけん》＝研究の資料となる文書。
05	（延）	⇒（伸）	伸《の》びる＝勢力や能力などがこれまでよりも上になる。 注意 延《の》びる＝長引く。延長される。
06	（辺）	⇒（遍）	遍歴《へんれき》＝諸国をめぐり歩くこと。
07	（仕）	⇒（施）	実施《じっし》＝予定していたことを実際に行うこと。
08	（彩）	⇒（栽）	盆栽《ぼんさい》＝鉢などで植物を育て、観賞するもの。

でる度 ★★★

誤字訂正 5

次の各文にまちがって使われている同じ読みの漢字が一字ある。左に誤字を、右に正しい漢字を記せ。

□ **01** ダムの建設にあたり住民は水没前と同等の生活基盤を補奨するように求めた。

誤（　　）⇒ 正（　　）

□ **02** 彼が少年時代に持っていた応盛な知識欲は読書の枠を超えて冒険家の道を志す動機となった。

誤（　　）⇒ 正（　　）

□ **03** 強盗の罪で逮捕された容疑者の失捜中の足取りを刑事たちは追跡した。

誤（　　）⇒ 正（　　）

□ **04** 装備を完璧に調えても天候次第で威力が十分に発揮されない可能性もある。

誤（　　）⇒ 正（　　）

□ **05** 世界的な金融危機の再発を防ぐための国際的な協調体制が模策されている。

誤（　　）⇒ 正（　　）

□ **06** 来月実施する授業参観の詳細を記した通知文書を、保護者に当てて配布した。

誤（　　）⇒ 正（　　）

□ **07** 温暖な気候と肥浴な土壌がこのあたりを世界有数の穀倉地帯に育て上げた。

誤（　　）⇒ 正（　　）

□ **08** 捕乳類に似た特徴をもつ新種のワニの化石が発見され、学会に大きな波紋が広がった。

誤（　　）⇒ 正（　　）

合格点 7/8 | 得点 /8

でる度 ★★

	解答 誤	正	解説
01	(奨)	⇒(償)	補償《ほしょう》＝損失を補って、つぐなうこと。
02	(応)	⇒(旺)	旺盛《おうせい》＝気力や意欲などが盛んであること。
03	(捜)	⇒(踪)	失踪《しっそう》＝行方がわからなくなること。
04	(壁)	⇒(璧)	完璧《かんぺき》＝欠点がなく完全であること。
05	(策)	⇒(索)	模索《もさく》＝手さぐりで探し求めること。
06	(当)	⇒(宛)	宛《あ》てる＝郵便物などを名指しで送る。 注意 当《あ》てる＝対象にぶつける。命中させる。
07	(浴)	⇒(沃)	肥沃《ひよく》＝土地がこえて作物がよくできるさま。
08	(捕)	⇒(哺)	哺乳類《ほにゅうるい》＝肺呼吸をして母乳で子を育てる、脊椎動物の一種。

でる度 ★★★

送り仮名❶

次の――線のカタカナを漢字一字と送り仮名（ひらがな）に直せ。

□ **01** 汗クサカッたので風呂に入る。（　　）

□ **02** 着物の裾がヒルガエル。（　　）

□ **03** 恵みの雨が大地をウルオス。（　　）

□ **04** オシミナイ拍手が鳴り響く。（　　）

□ **05** ユルヤカニ流れる川を下る。（　　）

□ **06** 重要な書類が本にマギレル。（　　）

□ **07** 自分の犯した罪をクイル。（　　）

□ **08** カーテンをヘダテて話す。（　　）

□ **09** 悪い癖をタメル。（　　）

□ **10** 謹んで故人をトムラウ。（　　）

合格点	得点
8/10	/10

でる度 ★★★ / ★★ / ★

	解答	解説
01	（　臭かっ　）	汗臭《あせくさ》い＝汗の嫌なにおいがする。
02	（　翻る　）	裏返しになる。風になびく。
03	（　潤す　）	適度に湿り気をあたえる。豊かにする。
04	（惜しみない）	嫌がらずに出せるだけ出すさま。
05	（　緩やかに　）	なだらか。変化の仕方がゆっくりしているさま。緩慢。
06	（　紛れる　）	入り混じる。混ざる。紛失。
07	（　悔いる　）	自分のした行為に間違いがあったと気づき、反省する。後悔する。
08	（　隔て　）	隔てる＝間に置いて仕切る。
09	（　矯める　）	悪い性質やくせを改める。矯正。
10	（　弔う　）	冥福を祈る。弔意。

でる度 ★★★

送り仮名 ②

次の――線のカタカナを漢字一字と送り仮名（ひらがな）に直せ。

□ **01** タクミナ話術で魅了する。（　　）

□ **02** 桜の木の下で宴会をモヨオス。（　　）

□ **03** 彼女は三か国語をアヤツル。（　　）

□ **04** 焼いた餅がフクランできた。（　　）

□ **05** 空に綿雲がタダヨッている。（　　）

□ **06** イヤシイ根性をたたき直す。（　　）

□ **07** 複雑にカラマッた鎖をほどく。（　　）

□ **08** ツムイだ糸を草木染めする。（　　）

□ **09** 何でもコバマずに引き受ける。（　　）

□ **10** 芸能界からホウムラれる。（　　）

合格点	得点
8/10	/10

でる度 ★★

解答	解説
01（　巧みな　）	物事を上手になしとげるようす。工夫されているようす。
02（　催す　）	計画・準備して会などをひらく。挙行する。開催。
03（　操る　）	うまく取り扱う。たくみに使いこなす。
04（　膨らん　）	膨らむ＝内から外へもり上がって大きくなる。膨張。
05（　漂っ　）	漂う＝空中や水面に浮かんで揺れ動く。漂泊。
06（　卑しい　）	意地きたない。下品である。卑劣。
07（　絡まっ　）	絡まる＝自然に巻き付く。
08（　紡い　）	紡ぐ＝綿や繭からその繊維を引き出し、よりをかけて糸にする。紡績。
09（　拒ま　）	拒む＝要求や申し出などを断る。拒否。
10（　葬ら　）	葬る＝存在を世間に知られないようにかくす。

でる度★★★

送り仮名③

次の——線のカタカナを漢字一字と送り仮名（ひらがな）に直せ。

□ **01** 季節のモヨオシを計画する。（　　）

□ **02** 父は酔うと目がスワル。（　　）

□ **03** うまい話はアヤシンだ方がいい。（　　）

□ **04** 同窓会に出席することをシブル。（　　）

□ **05** ウルワシイ家族愛を描いた映画。（　　）

□ **06** ナイフで鉛筆をケズル。（　　）

□ **07** カシコイ方法でお金をためる。（　　）

□ **08** 一芸にヒイデル。（　　）

□ **09** 秋の夜がしだいにフケル。（　　）

□ **10** 町を東西にツラヌイている道路。（　　）

合格点	得点
8/10	/10

でる度 ★★

	解答	解説
01	(催し)	人を集めて興行・会合などをすること。
02	(据わる)	目《め》が据《す》わる＝怒ったり酔ったりして、目玉がじっと動かなくなる。
03	(怪しん)	怪しむ＝うたがう。不審がる。
04	(渋る)	気が進まず、ぐずぐずする。難渋。
05	(麗しい)	心があたたまる。
06	(削る)	刃物で物の表面を薄く切り取る。そぐ。
07	(賢い)	頭の働きがよい。賢明。
08	(秀でる)	非常にすぐれる。秀逸。
09	(更ける)	夜が深くなる。深更。
10	(貫い)	貫く＝物の端から端まで通す。貫通。

でる度 ★★★

送り仮名④

次の――線のカタカナを漢字一字と送り仮名（ひらがな）に直せ。

□ **01** 行くか、モシクハやめるか。（　　）

□ **02** 神前で夫婦のチカイを立てる。（　　）

□ **03** 定年後ナグサミ半分で旅に出る。（　　）

□ **04** 勝ちをアセッて失敗する。（　　）

□ **05** 時間をツイヤサずに用を済ます。（　　）

□ **06** 成績が思うほどカンバシクない。（　　）

□ **07** 体裁をツクロッてごまかす。（　　）

□ **08** 歯をミガイてから就寝する。（　　）

□ **09** イサギヨイ生き方に共感する。（　　）

□ **10** 支払いがトドコオリがちだ。（　　）

合格点	得点
8/10	/10

でる度 ★★★ ★★ ★

解答

解説

01（ 若しくは ）

どちらか一方を選択するのに用いる語。あるいは。または。

02（ 誓い ）

固く約束すること。また、その言葉。誓約。

03（ 慰み ）

気晴らしになること。慰安。

04（ 焦っ ）

焦る＝早く思いどおりにならないかといらだつ。

05（ 費やさ ）

費やす＝使ってなくする。消費。

06（ 芳しく ）

芳しい＝よい。りっぱだ。

07（ 繕っ ）

繕う＝表面的にととのえて、その場を切り抜ける。

08（ 磨い ）

磨く＝こすってつやを出したりきれいにしたりする。研磨。

09（ 潔い ）

ひきょうなところがなくりっぱである。高潔。

10（ 滞り ）

滞る＝期限が過ぎても返済・納付などがすまない。遅滞。

でる度 ★★★

書き取り 1

次の――線のカタカナを漢字に直せ。

□ **01** ダセイでボールが転がる。　(　　　)

□ **02** 父は温厚でカンヨウな人だ。　(　　　)

□ **03** フメンを見ながら演奏する。　(　　　)

□ **04** 手術でビョウソウを取り除く。　(　　　)

□ **05** 人は自由をキョウユウしている。(　　　)

□ **06** 母のつくるスブタはおいしい。　(　　　)

□ **07** 押し殺した声で店員をオドす。　(　　　)

□ **08** 話がワキミチにそれる。　(　　　)

□ **09** 地面をケって走る馬。　(　　　)

□ **10** 赤ちゃんにソい寝する。　(　　　)

合格点	得点
8/10	/10

でる度 ★★

	解答	解説
01	（ 惰性 ）	物体が外から力を受けないかぎり、同じ運動状態を続けようとする性質。 他例 惰眠《だみん》・惰力《だりょく》
02	（ 寛容 ）	心が広くて、よく人を受け入れるさま。 他例 寛大《かんだい》
03	（ 譜面 ）	音楽の曲を音符などの記号で書き表したもの。 他例 採譜《さいふ》・暗譜《あんぷ》
04	（ 病巣 ）	病気におかされている中心部。 他例 卵巣《らんそう》・営巣《えいそう》
05	（ 享有 ）	権利や能力など無形のものを生まれながらに持っていること。 他例 享受《きょうじゅ》・享楽《きょうらく》
06	（ 酢豚 ）	中華料理の一つ。 他例 甘酢《あまず》
07	（ 脅 ）	脅す＝自分の意に従わせようと、相手を怖がらせる。
08	（ 脇道 ）	本筋から外れた方向。
09	（ 蹴 ）	蹴る＝足で勢いよく突く。
10	（ 添 ）	添《そ》い寝《ね》＝寄りそって寝ること。

でる度 ★★★

書き取り ②

次の——線のカタカナを漢字に直せ。

□ **01** 子供のキゲンをとる。　（　　）

□ **02** 最上階のキヒン室に通される。　（　　）

□ **03** 鬼が出るかジャが出るか。　（　　）

□ **04** フゼイある庭園で茶会を催す。　（　　）

□ **05** 党のジュウチンが苦言を呈する。（　　）

□ **06** 庭のカタスミに花が咲いている。（　　）

□ **07** アセりの色を隠しきれない様子。（　　）

□ **08** 食べ物が歯にハサまる。　（　　）

□ **09** 密航をクワダてる。　（　　）

□ **10** 力強いウブゴエをあげる。　（　　）

合格点	得点
8/10	/10

でる度 ★★★ / ★★ / ★

	解答	解説
01	(機嫌)	機嫌をとる＝相手の気にいるようにふるまう。
02	(貴賓)	身分の高い客。高貴な客。 他例 主賓《しゅひん》・国賓《こくひん》・賓客《ひんきゃく》
03	(蛇)	鬼《おに》が出《で》るか蛇《じゃ》が出るか＝前途にどんな運命が待ち構えているか予測できない。
04	(風情)	風流な味わい。
05	(重鎮)	その方面で非常に重んじられる人。
06	(片隅)	一方のすみ。中央から離れた目立たない所。
07	(焦)	焦り＝思うようにはかどらないで気をもむこと。いらだつこと。
08	(挟)	挟まる＝物と物のせまい間に入る。
09	(企)	企てる＝実行するための計画を立てる。
10	(産声)	生まれた時に初めて出す声。 他例 産毛《うぶげ》・産湯《うぶゆ》

でる度 ★★★

書き取り③

次の——線のカタカナを漢字に直せ。

□ **01** 経営が悪化しフサイを抱える。 (　　)

□ **02** 敵をヒョウロウ攻めにする。 (　　)

□ **03** 今日は道がジュウタイしている。(　　)

□ **04** 酒は米をハッコウさせて造る。 (　　)

□ **05** セイチョウな山の空気。 (　　)

□ **06** そりで土手をスベって遊ぶ。 (　　)

□ **07** 湯をワかして緑茶を入れる。 (　　)

□ **08** 別れをオしみながら見送る。 (　　)

□ **09** 彼には愛想がツきた。 (　　)

□ **10** 最高裁で判決がクツガエる。 (　　)

合格点 8/10 | 得点 /10

でる度 ★★

	解答	解説
01	(負債)	借金をすること。
02	(兵糧)	兵糧《ひょうろう》攻《ぜ》め＝敵の食べ物補給の道を断って、戦力を弱らせる攻め方。
03	(渋滞)	物事がとどこおってすらすらと進まないこと。
04	(発酵)	イースト・細菌・かびなどの作用で、糖類などの有機化合物が分解する現象。
05	(清澄)	すみきっていて清らかなこと。また、そのさま。
06	(滑)	滑る＝物の上をなめらかに動く。
07	(沸)	沸かす＝液体を煮立たせる。
08	(惜)	惜しむ＝離れて行くことを残念に思う。
09	(尽)	愛想《あいそ》が尽《つ》きる＝すっかりいやになる。
10	(覆)	覆る＝ひっくり返る。

でる度 ★★★

書き取り④

次の——線のカタカナを漢字に直せ。

□ **01** 汚れたシャツを**センタク**する。（　　）

□ **02** **ロウデン**が原因で火災となった。（　　）

□ **03** **カチュウ**の人物に取材をする。（　　）

□ **04** **キセイ**の概念に固執した考え方。（　　）

□ **05** 地面が**カンボツ**している。（　　）

□ **06** 器具を使って背筋を**キタ**える。（　　）

□ **07** 血が体内を**ジュンカン**する。（　　）

□ **08** 蚕の**マユ**から生糸を紡ぐ。（　　）

□ **09** **ミゾ**に蓋がなくて危険だ。（　　）

□ **10** ギターを軽やかに**カナ**でる。（　　）

合格点	得点
8/10	/10

でる度 ★★★ ★★ ★

解答 / 解説

01（　洗濯　）　汚れた衣類などを洗うこと。

02（　漏電　）　電気機器や電線などの絶縁不良や損傷により、電気がもれること。

03（　渦中　）　もめごとなど混乱のただ中。

04（　既成　）　すでに出来あがり、世間に通用していること。

05（　陥没　）　落ち込むこと。沈みくぼむこと。

06（　鍛　）　鍛える＝金属や肉体・精神などを強くする。

07（　循環　）　ひとめぐりして、もとへ戻ることを繰り返すこと。

08（　繭　）　完全変態をする昆虫の、さなぎを包んでいる殻状のもの。

09（　溝　）　水を通すための細長いくぼみ。

10（　奏　）　奏でる＝楽器を演奏する。

でる度 ★★★

書き取り 5

次の――線のカタカナを漢字に直せ。

□ **01** 正月は神社にサンケイする。 （　　　）

□ **02** 異常気象で食糧がフッテイする。（　　　）

□ **03** 神楽が厳かにホウノウされる。（　　　）

□ **04** ザセツに負けない心を持つ。 （　　　）

□ **05** 部下のショグウを決定する。 （　　　）

□ **06** ホリの周りを犬と散歩する。 （　　　）

□ **07** 陽光に春のキザしが感じられる。（　　　）

□ **08** 勉強のカタワらラジオを聴く。 （　　　）

□ **09** 大胆カつ度胸のある攻撃。 （　　　）

□ **10** 糸をツムいで太くする。 （　　　）

合格点	得点
8/10	/10

でる度 ★★★ ★★ ★

	解答	解説
01	（ 参詣 ）	神社や寺にお参りすること。お参り。
02	（ 払底 ）	物がひどく欠乏すること。
03	（ 奉納 ）	神仏にささげ納めること。
04	（ 挫折 ）	仕事や計画が、中途で失敗しだめになること。また、そのために気力をなくすこと。
05	（ 処遇 ）	人を評価して、それ相応にもてなすこと。
06	（ 堀 ）	城の周囲をほって水をためた所。
07	（ 兆 ）	兆し＝物事の起こりそうなしるし。
08	（ 傍 ）	傍ら＝…と同時に。一方では。
09	（ 且 ）	且つ＝一方で。さらに。
10	（ 紡 ）	紡ぐ＝綿や繭からその繊維を引き出し、よりをかけて糸にする。

でる度★★★

書き取り⑥

次の――線のカタカナを漢字に直せ。

□ 01 彼は難事業をカンスイした。（　　）

□ 02 臆せずユウカンに戦った。（　　）

□ 03 地図のハンレイを最初に見る。（　　）

□ 04 コウイン矢のごとし。（　　）

□ 05 ユイショある神社で式を挙げる。（　　）

□ 06 卵白を念入りにアワダてる。（　　）

□ 07 旅館の料理にシタツヅミを打つ。（　　）

□ 08 クむべき事情は見当たらない。（　　）

□ 09 よくネラいを定めて撃つ。（　　）

□ 10 アマグツを履いて出かける。（　　）

合格点	得点
8/10	/10

	解答	解説
01	(完遂)	最後までやりとおすこと。完全に成しとげること。
02	(勇敢)	勇気があり、進んで物事に立ち向かっていくさま。
03	(凡例)	書物や地図のはじめに、編集方針・読み方・使い方などを箇条書きに示したもの。
04	(光陰)	光陰《こういん》矢《や》のごとし=月日が非常に早く過ぎ去るたとえ。
05	(由緒)	りっぱな来歴。 他例 情緒《じょうちょ》
06	(泡立)	泡立てる=あわがたくさん出るようにする。
07	(舌鼓)	うまいものを食べて思わず舌を鳴らすこと。
08	(酌)	酌む=相手の気持ちや立場を思いやる。
09	(狙)	狙い=弓や鉄砲などで、目標に当てようとねらうこと。
10	(雨靴)	雨の日に履くくつ。 他例 上靴《うわぐつ》・靴擦《くつず》れ

でる度 ★★★

書き取り ⑦

次の――線のカタカナを漢字に直せ。

□ **01** 被害は**ジンダイ**だった。　（　　）

□ **02** **シュギョク**の短編を朗読する。　（　　）

□ **03** 玄関前に**テッピ**を設ける。　（　　）

□ **04** 父のやり方は**インジュン**だった。（　　）

□ **05** 師の**イハツ**を継ぐ。　（　　）

□ **06** **エリモト**から風が入り込む。　（　　）

□ **07** 草花の**クキ**が折れる。　（　　）

□ **08** マントが風に**ヒルガエ**る。　（　　）

□ **09** 群衆の中を**ヌ**って通る。　（　　）

□ **10** **イツク**しみあふれる表情。　（　　）

合格点	得点
8/10	/10

これも
ねらわれる！

でる度 ★★

解答　解説

01（　甚大　）
程度が非常に大きいさま。
他例 幸甚《こうじん》

02（　珠玉　）
美しいもの、すばらしいものなどをほめたたえる言葉。
他例 真珠《しんじゅ》

03（　鉄扉　）
鉄製のとびら。
他例 門《もん》扉《び》

04（　因循　）
思い切りが悪くぐずぐずしているさま。
他例 循環《じゅんかん》

05（　衣鉢　）
師から弟子に伝えられる奥義。
他例 鉢《はち》植《う》え・鉢《はち》巻《ま》き

06（　襟元　）
衣服のえりのあたり。

07（　茎　）
植物体を支え、根と葉とを連絡する器官。
他例 歯《は》茎《ぐき》

08（　翻　）
翻る＝裏返しになる。風になびく。

09（　縫　）
縫う＝物と物の間を曲折しながら通る。

10（　慈　）
慈しみ＝いつくしむこと。めぐみ。

でる度 ★★★

書き取り 8

次の——線のカタカナを漢字に直せ。

□ **01** 非難のオウシュウを繰り返す。（　　）

□ **02** 風俗のヘンセンをたどる。（　　）

□ **03** 御リヤクの多いお寺と評判だ。（　　）

□ **04** キョウギに解釈する。（　　）

□ **05** ケイリュウに架かった釣り橋。（　　）

□ **06** ウイザンで男の子が生まれた。（　　）

□ **07** コンサートのチケットをユズる。（　　）

□ **08** 田植えをしてドロんこになる。（　　）

□ **09** ハスウは切り上げる。（　　）

□ **10** 緊張で喉がカワく。（　　）

合格点	得点
8/10	/10

でる度 ★★★ ★★ ★

解答	解説
01 (応酬)	負けずにやり返すこと。 他例 報酬《ほうしゅう》
02 (変遷)	時がたつにつれて移り変わること。 他例 左遷《させん》・遷都《せんと》
03 (利益)	神仏から与えられるめぐみ。
04 (狭義)	ある語が示す意味の範囲に幅があるとき、狭く限定したほうの意味。 他例 狭量《きょうりょう》
05 (渓流)	谷間の流れ。谷川。 他例 渓谷《けいこく》・雪渓《せっけい》
06 (初産)	初めて子供を産むこと。 他例 初初《ういうい》しい・初陣《ういじん》
07 (譲)	譲る＝自分の物を他の人に与えること。
08 (泥)	泥んこ＝どろ。どろまみれ。 他例 泥縄《どろなわ》・泥沼《どろぬま》
09 (端数)	はんぱの数。 他例 山《やま》の端《は》・端役《はやく》
10 (渇)	渇く＝喉にうるおいがなくなり、水分が欲しくなる。

でる度 ★★★

書き取り ⑨

次の――線のカタカナを漢字に直せ。

□ **01** ジンリンにもとる許し難い行為。(　　)

□ **02** 積年の悲願をジョウジュした。(　　)

□ **03** 川岸に吹くリョウフウが快い。(　　)

□ **04** 株価がキュウトウした。(　　)

□ **05** 事件の遺留品をソウサクする。(　　)

□ **06** 転んで打撲とスり傷を負う。(　　)

□ **07** シモヤけの指がかゆい。(　　)

□ **08** 大勢が一室にザコ寝をする。(　　)

□ **09** ボートのオールにモが絡まる。(　　)

□ **10** 黄金色のイナホが実る。(　　)

合格点	得点
8/10	/10

でる度 ★★★ / ★★ / ★

	解答	解説
01	(人倫)	人として行うべき正しい生き方。人道。 他例 倫理《りんり》
02	(成就)	物事を成し遂げること。また、願いなどがかなうこと。
03	(涼風)	すずしい風。 他例 荒涼《こうりょう》・清涼《せいりょう》・納涼《のうりょう》
04	(急騰)	物価や相場などが急に上がること。 他例 暴騰《ぼうとう》・沸騰《ふっとう》
05	(捜索)	さがし求めること。 他例 索引《さくいん》・検索《けんさく》
06	(擦)	擦り傷＝肌をすりむいてできた傷。
07	(霜焼)	霜焼け＝寒さで手足などに生じる軽い凍傷。 他例 初霜《はつしも》・遅霜《おそじも》・霜柱《しもばしら》・霜降《しもふ》り
08	(雑魚)	雑魚寝《ざこね》＝大勢が一部屋で入りまじってごろ寝すること。
09	(藻)	水の中に生えて光合成を行う植物の総称。
10	(稲穂)	いねのほ。

でる度 ★★★

書き取り⑩

次の——線のカタカナを漢字に直せ。

□ **01** 新しいルアーで**チョウカ**を競う。(　　　)

□ **02** 彼は**ガンキョウ**に否定し続けた。(　　　)

□ **03** 美しい女性に**ミワク**された。(　　　)

□ **04** **ダンジキ**をして抗議する。(　　　)

□ **05** この映画は**チンプ**でつまらない。(　　　)

□ **06** **コウゴウ**しいほどに美しい山。(　　　)

□ **07** 会社の**イシズエ**を築く。(　　　)

□ **08** 彼は**クセ**のある話し方をする。(　　　)

□ **09** 先輩として全く立つ**セ**がない。(　　　)

□ **10** 琴の**ツル**が切れてしまった。(　　　)

合格点 8/10　得点 /10

これも
ねらわれる!

でる度 ★★

	解答	解説
01	（ 釣果 ）	つれた魚の量。また、その獲物。
02	（ 頑強 ）	意志が強く、なかなか屈しないさま。 他例 頑健《がんけん》・頑固《がんこ》
03	（ 魅惑 ）	不思議な力で人の心をひきつけまどわすこと。
04	（ 断食 ）	一定期間食物をとらないこと。
05	（ 陳腐 ）	ありふれていて古くさいこと。
06	（神神／神々）	神神しい＝気高さが感じられ、いかにもおごそかであるさま。
07	（ 礎 ）	物事のもとになる大切なもの・こと・人。
08	（ 癖 ）	特有の傾向。
09	（ 瀬 ）	立《た》つ瀬《せ》がない＝立場がない。 注意 背は誤り。
10	（ 弦 ）	弓や楽器に張る糸。

でる度★★★

書き取り⑪

次の——線のカタカナを漢字に直せ。

□ **01** 要人の**ソゲキ**事件が起こった。（　　）

□ **02** **ドウクツ**の奥を探検する。（　　）

□ **03** **ラチ**問題の解決に努力をする。（　　）

□ **04** 監督の**サイハイ**が光った試合。（　　）

□ **05** 彼は好奇心**オウセイ**だ。（　　）

□ **06** 昔は庭に**カキ**の木があった。（　　）

□ **07** チェスの**コマ**をきれいに並べる。（　　）

□ **08** 野菜の**クシヤ**きを注文する。（　　）

□ **09** 私は夢を**アキラ**めない。（　　）

□ **10** 東の空に**ニジ**がかかっている。（　　）

合格点	得点
8/10	/10

でる度 ★★★ ★★ ★

	解答	解説
01	（ 狙撃 ）	銃などでねらいうつこと。
02	（ 洞窟 ）	岩などにあいた穴。ほらあな。
03	（ 拉致 ）	むりやり連れて行くこと。
04	（ 采配 ）	指図。指揮。 他例 喝采《かっさい》
05	（ 旺盛 ）	活動力が非常に盛んであること。また、そのさま。
06	（ 柿 ）	秋に黄赤色の果実を実らせる、カキノキ科の落葉高木。 他例 渋柿《しぶがき》
07	（ 駒 ）	将棋などの盤上で動かすもの。
08	（ 串焼 ）	串焼き＝魚や肉などをくしに刺して焼いたもの。 他例 串団子《くしだんご》
09	（ 諦 ）	諦める＝もう希望や見込みがないと思ってやめる。断念する。
10	（ 虹 ）	雨上がりなどに、太陽と反対の方向の空に見える七色の円弧状の帯。

でる度 ★★★

書き取り⑫

次の――線のカタカナを漢字に直せ。

□ **01** 社内のハバツが手を結んだ。（　　　）

□ **02** 浪費はケツボウのもと。（　　　）

□ **03** セイゼツな死闘を繰り広げた。（　　　）

□ **04** 遠いインセキ関係に当たる人。（　　　）

□ **05** セキツイを損傷して入院する。（　　　）

□ **06** マタガミが浅いデニムのパンツ。（　　　）

□ **07** 敵に見つかりイノチゴいをする。（　　　）

□ **08** シカの飛び出しに注意する。（　　　）

□ **09** ズボンのスソがぬれてしまった。（　　　）

□ **10** ノドモト過ぎれば熱さを忘れる。（　　　）

合格点 8/10　得点 /10

でる度 ★★★ ★★ ★

解答		解説
01	（ 派閥 ）	出身・縁故・利害・政治的意見などで結びついた人々が形成する排他的な小集団。
02	（ 欠乏 ）	とぼしいこと。不足すること。
03	（ 凄絶 ）	言いようもなくすさまじいこと。
04	（ 姻戚 ）	結婚してできた、血のつながりのない親類。 他例 親戚《しんせき》
05	（ 脊椎 ）	背骨を形成している多くの骨。
06	（ 股上 ）	ズボンなどのまたの分かれ目から上の長さ。 他例 内股《うちまた》
07	（ 命乞 ）	命乞い＝殺さないように頼むこと。
08	（ 鹿 ）	シカ科の哺乳動物。雄には枝のような形の角がはえる。
09	（ 裾 ）	衣服の下のふち。
10	（ 喉元 ）	喉元《のどもと》過《す》ぎれば熱《あつ》さを忘《わす》れる＝苦しみや恩も、そのときが去ればすぐに忘れてしまうことのたとえ。

でる度 ★★★

読み 1

次の——線の漢字の読みをひらがなで記せ。

□ **01** 肥沃な土地に種をまく。 ( )

□ **02** 新鮮なオレンジの果汁を飲む。 ( )

□ **03** 機材の撤収に手間取った。 ( )

□ **04** 弦楽四重奏の演奏会に招かれる。 ( )

□ **05** 客が頻繁に訪れる。 ( )

□ **06** 氷が急速に融解する。 ( )

□ **07** 予備校で模擬試験を受ける。 ( )

□ **08** 相手の事情を酌む。 ( )

□ **09** 手びねりで作った器を窯で焼く。 ( )

□ **10** とうに廃れて見向きもされない。 ( )

合格点 8/10 ｜ 得点 /10

でる度 ★★★ ★★ ★

解答	解説
01（ ひよく ）	土地が肥えていて、農作物がよくできること。
02（ かじゅう ）	果物をしぼった汁。 他例 墨汁《ぼくじゅう》・胆汁《たんじゅう》
03（てっしゅう）	引き上げること。 他例 撤廃《てっぱい》・撤回《てっかい》
04（ げんがく ）	バイオリンなどの弦楽器による音楽。 他例 下弦《かげん》・上弦《じょうげん》
05（ ひんぱん ）	たびたび起こるさま。 他例 頻出《ひんしゅつ》・頻度《ひんど》・頻々《ひんぴん》
06（ ゆうかい ）	とけること。固体が熱せられて液体になること。 他例 融合《ゆうごう》・融和《ゆうわ》・融通《ゆうずう》・金融《きんゆう》
07（ もぎ ）	模擬試験＝本物に似せて作った試験。 他例 擬人《ぎじん》・擬似《ぎじ》・擬音《ぎおん》
08（ く ）	酌む＝相手の気持ちや立場を思いやる。
09（ かま ）	陶器やガラスなどを製造するのに用いる、高温で物を焼いたり溶かしたりする装置。 他例 窯元《かまもと》
10（ すた ）	廃れる＝衰える。はやらなくなる。

でる度★★★

読み②

次の——線の漢字の読みをひらがなで記せ。

□ **01** 物事を迅速に処理する。（　　）

□ **02** 無断欠席について詰問される。（　　）

□ **03** 短冊に新春の歌をしたためる。（　　）

□ **04** 暴力撲滅運動に協力する。（　　）

□ **05** 優勝力士に賜杯が授与される。（　　）

□ **06** 灯籠流しに祈りを込める。（　　）

□ **07** 寺で断食の行をする。（　　）

□ **08** 何なりと仰せ付けてください。（　　）

□ **09** 春に向けて店内を新しく装う。（　　）

□ **10** 戦後次々と国が興った。（　　）

合格点	得点
8/10	/10

でる度 ★★★ ★★ ★

解答 / 解説

01 (じんそく) たいへん速いこと。また、そのさま。

02 (きつもん) 相手の悪い点を責めて、問い詰めること。

03 (たんざく) 和歌・俳句・絵などを書くのに用いる細長い厚紙。

04 (ぼくめつ) 完全にうちほろぼすこと。
他例 打撲《だぼく》

05 (しはい) 天皇や皇族などから贈られる優勝杯。
他例 下賜《かし》

06 (とうろう) 灯籠流《とうろうなが》し＝死者の魂を弔って灯籠に火をともして川や海に流す行事。

07 (だんじき) 一定期間食物を断つこと。

08 (おお) 仰《おお》せ付《つ》ける＝「言い付ける」の尊敬語。お言い付けになる。

09 (よそお) 装う＝外観を整え飾る。

10 (おこ) 興る＝新たに生じる。勢いが盛んになる。

でる度 ★★★

読み❸

次の――線の漢字の読みをひらがなで記せ。

□ **01** 競売に各地の好事家が参集した。（　　）

□ **02** 彼とは長年の釣友である。（　　）

□ **03** 購読している雑誌が廃刊になる。（　　）

□ **04** 太陽崇拝の信仰がある。（　　）

□ **05** 騒がしい子供たちを一喝する。（　　）

□ **06** 示唆に富む有意義な話だ。（　　）

□ **07** その活動はいかにも偽善的だ。（　　）

□ **08** 失礼なふるまいの許しを請う。（　　）

□ **09** 先輩が薦めてくれた映画を見る。（　　）

□ **10** 綿から糸を紡ぎ出す。（　　）

合格点	得点
8/10	/10

でる度 ★★★ ★★ ★

解答

解説

解答	解説
01（こうずか）	変わった物事に興味を持つ人。物好き。
02（ちょうゆう）	釣り友達。 他例 釣果《ちょうか》
03（こうどく）	書籍や新聞などを買って読むこと。 他例 購買《こうばい》
04（すうはい）	帰依して信仰すること。 他例 崇高《すうこう》
05（いっかつ）	大声でひと声しかりつけること。 他例 喝破《かっぱ》・大喝一声《だいかついっせい》・恐喝《きょうかつ》
06（しさ）	他の物事やヒントとなることを示して、それとなく教えほのめかすこと。 他例 教唆《きょうさ》
07（ぎぜん）	うわべだけ正しく見せかけること。 他例 真偽《しんぎ》
08（こ）	請う＝願う。頼む。
09（すす）	薦める＝人や物事のすぐれている点を挙げ、その採用をうながす。
10（つむ）	紡ぐ＝綿や繭からその繊維を引き出し、よりをかけて糸にする。

読み
部首
熟語の構成
四字熟語
対義語・類義語
同音・同訓異字
誤字訂正
送り仮名
書き取り

でる度 ★★★

読み ④

次の——線の漢字の読みをひらがなで記せ。

□ **01** 彼は兄に酷似している。（　　）

□ **02** 高山の雪渓を注意して渡る。（　　）

□ **03** 功労者に勲章が与えられる。（　　）

□ **04** 世界中の人々の幸せを誓願する。（　　）

□ **05** 禅宗の修行僧が諸国を巡る。（　　）

□ **06** 事業計画が暗礁に乗り上げた。（　　）

□ **07** 嫌疑をかけられて尋問される。（　　）

□ **08** 異国の地にいる友の死を愁える。（　　）

□ **09** 互いに将来を契る。（　　）

□ **10** 正月を祝って繭玉を飾る。（　　）

合格点	得点
8/10	/10

解答	解説
01 (こくじ)	区別できないほどよく似ていること。 他例 酷評《こくひょう》・過酷《かこく》
02 (せっけい)	高い山の谷間や斜面で、夏になっても雪が消えずに残っている所。 他例 渓流《けいりゅう》・渓谷《けいこく》
03 (くんしょう)	国家や社会のために力を尽くした人をたたえて国が与える記章。 他例 殊勲《しゅくん》・勲功《くんこう》・叙勲《じょくん》
04 (せいがん)	神仏に誓って願うこと。願かけ。 他例 宣誓《せんせい》
05 (ぜんしゅう)	仏教の一派。座禅によって仏教の真髄を理解することを目的とする。 他例 禅譲《ぜんじょう》・参禅《さんぜん》
06 (あんしょう)	暗礁に乗り上げる＝障害にあい、事が進まなくなる。 他例 岩礁《がんしょう》・環礁《かんしょう》・離礁《りしょう》
07 (けんぎ)	罪を犯したのではないかという疑い。 他例 嫌悪《けんお》・機嫌《きげん》
08 (うれ)	愁える＝よくない状況に心を痛める。
09 (ちぎ)	契る＝将来をかたく約束する。夫婦の約束を結ぶ。
10 (まゆだま)	柳の枝などに繭の形にまるめた餅や千両箱などの縁起物の模型をつけた正月の飾り物。

でる度 ★★★

読み 5

次の――線の漢字の読みをひらがなで記せ。

□ **01** 愛猫家が全国的に増えている。（　　　）

□ **02** 壮絶な最期を遂げた作家。（　　　）

□ **03** 線路を敷設する。（　　　）

□ **04** 西国三十三所を行脚する。（　　　）

□ **05** 水仙の球根を植える。（　　　）

□ **06** 純朴な心の持ち主です。（　　　）

□ **07** 傷がついたレンズを研磨する。（　　　）

□ **08** 火照った体を冷やす。（　　　）

□ **09** 漆塗りの盆で運ぶ。（　　　）

□ **10** 留守の間に泥棒に入られる。（　　　）

合格点	得点
8/10	/10

でる度 ★★★ ★★ ★

解答	解説
01（あいびょう）	猫をかわいがること。
02（さいご）	死ぬとき。命が終わるとき。
03（ふせつ）	鉄道・水道・海底電線などを、広い範囲にわたって設けること。
04（あんぎゃ）	各地をめぐり歩くこと。
05（すいせん）	暖地の海岸などに自生する、ヒガンバナ科の多年草。 他例 仙境《せんきょう》・仙薬《せんやく》
06（じゅんぼく）	人情があつく人ずれしていないさま。 他例 質朴《しつぼく》・素朴《そぼく》
07（けんま）	刃物・レンズ・宝石などをとぎみがくこと。 他例 錬磨《れんま》・練磨《れんま》・磨耗《まもう》
08（ほて）	火照る＝（体やその一部が）熱くなる。熱く感じる。
09（うるしぬ）	漆塗り＝漆を器物に塗ること。また、その器物。
10（どろぼう）	他人のものを盗むこと。また、盗む人。 他例 泥縄《どろなわ》・泥臭《どろくさ》い

でる度 ★★★

読み 6

次の——線の漢字の読みをひらがなで記せ。

□ **01** ついに日用品まで払底してきた。（　　　）

□ **02** 事件の経緯を如実に再現する。（　　　）

□ **03** 辞書の凡例を参照する。（　　　）

□ **04** 聴聞会を開催する意向を示す。（　　　）

□ **05** 奈良時代に建立された東大寺。（　　　）

□ **06** 沖天の勢いで勝ち進む。（　　　）

□ **07** 晴れた日に布団を干す。（　　　）

□ **08** 初陣を見事に勝利で飾った。（　　　）

□ **09** 厳かに式典が始まった。（　　　）

□ **10** 我が子を慈しみ育てる。（　　　）

合格点	得点
8/10	/10

でる度 ★★★ ★★ ★

解答	解説
01（ふってい）	すっかりなくなること。物がひどく欠乏すること。 他例 払暁《ふつぎょう》
02（にょじつ）	現実と違わず、事実そのままであること。
03（はんれい）	書物や地図のはじめに編集方針・読み方・使い方などを示したもの。
04（ちょうもん）	行政機関が行政上の決定を行うとき、広く利害関係者などの意見を聞くこと。
05（こんりゅう）	寺院・堂・塔を建てること。
06（ちゅうてん）	人の勢いなどが強いこと。
07（ふとん）	寝るときや座るときに使う、袋状の布の中に綿や羽毛などを入れたもの。
08（ういじん）	はじめて戦場や競技などに出ること。 他例 初々《ういうい》しい
09（おごそ）	重々しくいかめしいさま。礼儀正しく近寄りにくいさま。
10（いつく）	慈しむ＝かわいがる。愛し、大切にする。

でる度★★★

読み 7

次の――線の漢字の読みをひらがなで記せ。

□ **01** 臆病な子猫を拾った。（　　）

□ **02** 私淑する作家にお会いできた。（　　）

□ **03** 文化の発展に貢献した人だ。（　　）

□ **04** みんなの意見を概括する。（　　）

□ **05** 複雑なデータの解析に難渋する。（　　）

□ **06** 公衆の面前で侮辱された。（　　）

□ **07** 誘拐された子供が保護された。（　　）

□ **08** 町会長に奉られた。（　　）

□ **09** 冬の夜が深々と更ける。（　　）

□ **10** 証人は前回の発言を翻した。（　　）

合格点 8/10　得点 /10

でる度 ★★★ ★★ ★

解答	解説
01（おくびょう）	ちょっとしたことにも怖がったりしりごみしたりすること。
02（ししゅく）	直接教えは受けないが、ひそかにある人を手本として慕い、尊敬し、学ぶこと。 他例 貞淑《ていしゅく》
03（こうけん）	ある物事や社会に力を尽くして、役立つこと。寄与。
04（がいかつ）	内容のあらましをまとめること。
05（なんじゅう）	思うように事が運ばず苦労すること。
06（ぶじょく）	ばかにして恥をかかせること。
07（ゆうかい）	人をだまして誘い出し、連れ去ること。 他例 拐帯《かいたい》
08（たてまつ）	奉る＝表面的・形式的にだけ高く位置づける。
09（ふ）	更ける＝夜が深くなる。
10（ひるがえ）	翻す＝考えや態度を反対の方へ急に変える。

でる度 ★★★

読み 8

次の——線の漢字の読みをひらがなで記せ。

□ **01** 彼の主張を肯定する人が多い。（　　）

□ **02** 四肢を広げて大きく伸びをする。（　　）

□ **03** 国民は平和を渇望している。（　　）

□ **04** 人倫に反する行為。（　　）

□ **05** 理想にかまけて現実を閑却する。（　　）

□ **06** 傷口に薬を塗って炎症を抑える。（　　）

□ **07** 焼き魚のにおいが充満する。（　　）

□ **08** 冷夏の兆しが現れている。（　　）

□ **09** 過ちを素直に認めて謝る。（　　）

□ **10** 本にしおりを挟む。（　　）

合格点 8/10　得点 　/10

でる度 ★★★ ★★ ★

解答	解説
01 (こうてい)	物事をそのとおりだと判断し認めること。 他例 首肯《しゅこう》
02 (しし)	人間の両手両足。 他例 肢体《したい》・下肢《かし》
03 (かつぼう)	のどが渇いたとき水を欲するように、心から望むこと。
04 (じんりん)	人として行うべき正しい生き方。人道。 他例 倫理《りんり》
05 (かんきゃく)	いい加減にほうっておくこと。
06 (えんしょう)	発熱や痛み、機能障害などを起こす症状。 他例 既往症《きおうしょう》・重症《じゅうしょう》・症候《しょうこう》・軽症《けいしょう》
07 (じゅうまん)	締め切った空間に、気体などがいっぱいに満ちること。 他例 拡充《かくじゅう》・充血《じゅうけつ》・補充《ほじゅう》・充電《じゅうでん》
08 (きざ)	兆し＝物事の起こりそうなしるし。前兆。
09 (あやま)	過ち＝物事の失敗。犯した罪。
10 (はさ)	挟む＝物と物との間に入れる。

でる度 ★★★

読み 9

次の——線の漢字の読みをひらがなで記せ。

□ **01** 書画を集めて賞玩する。（　　　）

□ **02** 爽快な気分で目が覚めた。（　　　）

□ **03** 食餌療法を続けている。（　　　）

□ **04** 常に基本練習が肝腎だ。（　　　）

□ **05** 凄惨な事故現場から目を背ける。（　　　）

□ **06** 石炭の層が厚く堆積している。（　　　）

□ **07** 事業に失敗して辛酸をなめる。（　　　）

□ **08** 艶のある美しい髪。（　　　）

□ **09** 肘を曲げて紙袋を持つ。（　　　）

□ **10** 爪先立ちをしてのぞきこむ。（　　　）

合格点 8/10　得点 /10

でる度 ★★★ ★★ ★

解答	解説
01（しょうがん）	物のよさや味わいを大切にすること。 他例 愛玩《あいがん》
02（そうかい）	さわやかで気持ちがいいこと。
03（しょくじ）	食餌療法＝食べ物の成分や分量などを調節して病気の治療を助ける方法。 他例 好餌《こうじ》
04（かんじん）	一番たいせつなこと。肝心。 他例 副腎《ふくじん》
05（せいさん）	直視できないほどむごたらしいさま。 他例 凄絶《せいぜつ》・凄然《せいぜん》
06（たいせき）	うずたかく積み重なること。 他例 堆肥《たいひ》
07（しんさん）	辛酸をなめる＝苦しく、つらい目にあう。
08（つや）	物の表面の光沢。 他例 色艶《いろつや》
09（ひじ）	腕の真ん中にある関節の、外側の部分。 他例 肘鉄砲《ひじでっぽう》
10（つまさき）	足の指の先。 他例 爪痕《つめあと》・爪弾《つまび》く

でる度 ★★★

読み⑩

次の——線の漢字の読みをひらがなで記せ。

□ **01** 柔道の試合で肩を脱臼した。　（　　）

□ **02** 中国拳法を習い始めた。　（　　）

□ **03** こまめに進捗状況を確認する。　（　　）

□ **04** 形骸化している制度。　（　　）

□ **05** 明瞭な発音で聞き取りやすい。　（　　）

□ **06** 両手でかたく雑巾を絞る。　（　　）

□ **07** 親戚付き合いを大事にする。　（　　）

□ **08** 陛下から褒美を賜った。　（　　）

□ **09** 箸の使い方を矯正する。　（　　）

□ **10** 母屋の傍らにある小屋。　（　　）

合格点	得点
8/10	/10

でる度 ★★★ ★★ ★

解答	解説
01（だっきゅう）	骨の関節がはずれること。 他例 臼歯《きゅうし》
02（けんぽう）	こぶしで突いたり足でけったりすることを主とする中国伝来の武術。 他例 鉄拳《てっけん》
03（しんちょく）	物事がはかどること。
04（けいがい）	形骸化＝中身が失われて形ばかりのものになること。 他例 死骸《しがい》
05（めいりょう）	はっきりしていること。明らかなこと。 他例 瞭然《りょうぜん》
06（ぞうきん）	よごれた所をふきとるための布。 他例 巾着袋《きんちゃくぶくろ》
07（しんせき）	血筋や縁組などでつながっている一族。 他例 姻戚《いんせき》
08（たまわ）	賜る＝目上の人から物などをいただく。ちょうだいする。
09（はし）	食べ物などをはさむために用いる二本の細い棒。
10（かたわ）	そば。すぐ近く。

でる度 ★★★

読み 11

次の——線の漢字の読みをひらがなで記せ。

□ **01** 部屋をこまめに整頓する。 （　　　）

□ **02** 雨の日に足を滑らせ捻挫した。 （　　　）

□ **03** 激しい怒号や罵声が飛び交う。 （　　　）

□ **04** 党員資格を剝奪された。 （　　　）

□ **05** 事実を隠蔽した罪に問われる。 （　　　）

□ **06** 軽蔑のまなざしを向ける。 （　　　）

□ **07** この上ない美貌を持つ女性。 （　　　）

□ **08** 己の欲する所を人に施せ。 （　　　）

□ **09** 偽の電話にだまされた。 （　　　）

□ **10** 蜂蜜を紅茶に入れる。 （　　　）

合格点	得点
8/10	/10

でる度 ★★★ ★★ ★

解答	解説
01 （ せいとん ）	散らかったものをきちんと片付けること。 他例 頓挫《とんざ》・頓服薬《とんぷくやく》
02 （ ねんざ ）	関節をねじってくじくこと。 他例 捻出《ねんしゅつ》
03 （ ばせい ）	口汚くののしる声。
04 （ はくだつ ）	地位や資格などを無理にとりあげること。 他例 剥製《はくせい》・剥離《はくり》
05 （ いんぺい ）	人の目にふれないようおおい隠すこと。
06 （ けいべつ ）	見下してばかにすること。 他例 蔑視《べっし》
07 （ びぼう ）	顔かたちが美しいこと。 他例 風貌《ふうぼう》
08 （ ほっ ）	欲しいと思う。願う。望む。
09 （ にせ ）	本物のように見せかけること。また、そのもの。
10 （ はちみつ ）	蜜蜂が植物から集めた、栄養価の高い蜜。

でる度 ★★★

部首 1

次の漢字の部首を記せ。

□ 01 麻（　　　）

□ 02 窮（　　　）

□ 03 疑（　　　）

□ 04 威（　　　）

□ 05 尼（　　　）

□ 06 累（　　　）

□ 07 衡（　　　）

□ 08 雇（　　　）

□ 09 韻（　　　）

□ 10 凹（　　　）

合格点	得点
8/10	/10

解答 / 解説

01 （ 麻 ）
あさ
他例 出題範囲では、麻のみ。
注意 广（まだれ）ではない。

02 （ 穴 ）
あなかんむり
他例 窟・窃・窯・窒・突

03 （ 疋 ）
ひき
他例 出題範囲では、疑のみ。

04 （ 女 ）
おんな
他例 妥・妄・婆・姿・妻

05 （ 尸 ）
かばね・しかばね
他例 尻・履・尿・屈・尽

06 （ 糸 ）
いと
他例 繭・索・緊・紫・繁
注意 田（た）ではない。

07 （ 行 ）
ぎょうがまえ・ゆきがまえ
他例 衝・衛・術・街

08 （ 隹 ）
ふるとり
他例 隻・雅・雌・雄・離
注意 戸（とだれ・とかんむり）ではない。

09 （ 音 ）
おと
他例 出題範囲では、韻・響・音のみ。

10 （ 凵 ）
うけばこ
他例 出題範囲では、凹・凸・凶・出のみ。

でる度 ★★★

部首②

次の漢字の部首を記せ。

□ 01　吏（　　　）

□ 02　宵（　　　）

□ 03　豪（　　　）

□ 04　丹（　　　）

□ 05　再（　　　）

□ 06　昆（　　　）

□ 07　癒（　　　）

□ 08　献（　　　）

□ 09　靴（　　　）

□ 10　魔（　　　）

合格点 8/10　得点 /10

でる度 ★★★ ★★ ★

解答　解説

01（ 口 ）
くち
他例 呂・呉・嗣・唇・喪

02（ 宀 ）
うかんむり
他例 宛・寡・寛・宜・宰

03（ 豕 ）
ぶた・いのこ
他例 出題範囲では、豚・豪・象のみ。

04（ 丶 ）
てん
他例 出題範囲では、丹・井・主・丸のみ。

05（ 冂 ）
どうがまえ・けいがまえ・まきがまえ
他例 出題範囲では、冊・再・円のみ。
注意 一（いち）ではない。

06（ 日 ）
ひ
他例 旦・暫・昇・晶・旨

07（ 疒 ）
やまいだれ
他例 痕・痩・瘍・疫・症

08（ 犬 ）
いぬ
他例 出題範囲では、献・獣・状・犬のみ。

09（ 革 ）
かわへん
他例 出題範囲では、靴のみ。

10（ 鬼 ）
おに
他例 出題範囲では、魔・魂・鬼のみ。
注意 广（まだれ）ではない。

でる度 ★★★

部首③

次の漢字の部首を記せ。

□ 01　夢（　　　）

□ 02　囚（　　　）

□ 03　艶（　　　）

□ 04　幾（　　　）

□ 05　辱（　　　）

□ 06　串（　　　）

□ 07　隷（　　　）

□ 08　致（　　　）

□ 09　徹（　　　）

□ 10　朴（　　　）

合格点	得点
8/10	/10

でる度 ★★★ ★★ ★

解答		解説
01	(夕)	た・ゆうべ 他例 外・多・夜・夕
02	(囗)	くにがまえ 他例 圏・困・囲・因・団
03	(色)	いろ 他例 出題範囲では、艶と色のみ。
04	(幺)	よう・いとがしら 他例 出題範囲では、幾・幻・幽・幼のみ。
05	(口)	くち 他例 呂・呉・嗣・喪・呈
06	(丨)	ぼう・たてぼう 他例 出題範囲では、串と中のみ。
07	(隶)	れいづくり 他例 出題範囲では、隷のみ。
08	(至)	いたる 他例 出題範囲では、致と至のみ。
09	(彳)	ぎょうにんべん 他例 循・徐・徴・征・御
10	(木)	きへん 他例 椅・楷・柿・桁

でる度
★★★

熟語の構成 1

熟語の構成のしかたには次のようなものがある。

ア 同じような意味の漢字を重ねたもの（**身体**）
イ 反対または対応の意味を表す字を重ねたもの（**長短**）
ウ 上の字が下の字を修飾しているもの（**会員**）
エ 下の字が上の字の目的語・補語になっているもの（**着火**）
オ 上の字が下の字の意味を打ち消しているもの（**非常**）

次の熟語は、上のどれにあたるか、記号で記せ。

□ **01** 忍苦（　　）

□ **02** 嫌忌（　　）

□ **03** 折衷（　　）

□ **04** 未了（　　）

□ **05** 貴賓（　　）

□ **06** 分析（　　）

□ **07** 及落（　　）

□ **08** 釣果（　　）

□ **09** 座礁（　　）

□ **10** 謙遜（　　）

合格点	得点
8/10	/10

でる度 ★★★ ★★ ★

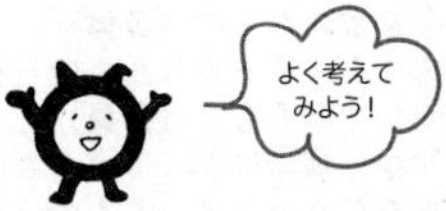

解答		解説
01	（ エ ）	忍《にん》苦《く》　「耐える ← 苦しみに」と解釈。
02	（ ア ）	嫌《けん》忌《き》　どちらも「きらう」の意。
03	（ エ ）	折衷《せっちゅう》　「わけて選ぶ ← 真ん中を」と解釈。
04	（ オ ）	未《み》了《りょう》　「まだ終わっていない」と解釈。
05	（ ウ ）	貴《き》賓《ひん》　「貴い → 客人」と解釈。
06	（ ア ）	分析《ぶんせき》　どちらも「わける」の意。
07	（ イ ）	及落《きゅうらく》　「及第」↔「落第」と解釈。
08	（ ウ ）	釣《ちょう》果《か》　「釣りの → 成果」と解釈。
09	（ エ ）	座《ざ》礁《しょう》　「乗り上げる ← 暗礁に」と解釈。
10	（ ア ）	謙遜《けんそん》　どちらも「へりくだる」の意。

でる度 ★★★

熟語の構成 2

熟語の構成のしかたには次のようなものがある。

ア 同じような意味の漢字を重ねたもの（**身体**）
イ 反対または対応の意味を表す字を重ねたもの（**長短**）
ウ 上の字が下の字を修飾しているもの（**会員**）
エ 下の字が上の字の目的語・補語になっているもの（**着火**）
オ 上の字が下の字の意味を打ち消しているもの（**非常**）

次の熟語は、上のどれにあたるか、記号で記せ。

□ **01** 尼僧（　　）

□ **02** 枢要（　　）

□ **03** 殉教（　　）

□ **04** 無謀（　　）

□ **05** 貸借（　　）

□ **06** 迎賓（　　）

□ **07** 献呈（　　）

□ **08** 隠顕（　　）

□ **09** 放逐（　　）

□ **10** 頻出（　　）

合格点	得点
8/10	/10

でる度 ★★★ ★★ ★

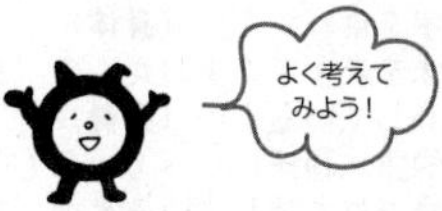

解答	解説
01 （ ウ ）	尼僧《にそう》 「女性の → 僧」と解釈。
02 （ ア ）	枢要《すうよう》 どちらも「たいせつなところ」の意。
03 （ エ ）	殉教《じゅんきょう》 「命を投げ出す ← 宗教に」と解釈。
04 （ オ ）	無謀《むぼう》 「考えをめぐらさない」と解釈。
05 （ イ ）	貸借《たいしゃく》 「貸す」⟷「借りる」と解釈。
06 （ エ ）	迎賓《げいひん》 「迎える ← 客を」と解釈。
07 （ ア ）	献呈《けんてい》 どちらも「さしあげる」の意。
08 （ イ ）	隠顕《いんけん》 「隠れる」⟷「あらわれる」と解釈。
09 （ ア ）	放逐《ほうちく》 どちらも「おいはらう」の意。
10 （ ウ ）	頻出《ひんしゅつ》 「頻繁に → 出る」と解釈。

でる度★★★

熟語の構成 3

熟語の構成のしかたには次のようなものがある。

ア 同じような意味の漢字を重ねたもの（**身体**）
イ 反対または対応の意味を表す字を重ねたもの（**長短**）
ウ 上の字が下の字を修飾しているもの（**会員**）
エ 下の字が上の字の目的語・補語になっているもの（**着火**）
オ 上の字が下の字の意味を打ち消しているもの（**非常**）

次の熟語は、上のどれにあたるか、記号で記せ。

□ **01** 虚実（　　）

□ **02** 紡績（　　）

□ **03** 輪禍（　　）

□ **04** 防疫（　　）

□ **05** 未到（　　）

□ **06** 逓減（　　）

□ **07** 挑戦（　　）

□ **08** 俊秀（　　）

□ **09** 不穏（　　）

□ **10** 懲悪（　　）

合格点	得点
8/10	/10

でる度 ★★★ ★★ ★

	解答	解説
01	（ イ ）	虚実《きょじつ》　「うそ」↔「まこと」と解釈。
02	（ ア ）	紡績《ぼうせき》　どちらも「糸をつむぐ」の意。
03	（ ウ ）	輪禍《りんか》　「車による→災難」と解釈。
04	（ エ ）	防疫《ぼうえき》　「防ぐ←感染症を」と解釈。
05	（ オ ）	未到《みとう》　「到達していない」と解釈。
06	（ ウ ）	逓減《ていげん》　「しだいに→減る」と解釈。
07	（ エ ）	挑戦《ちょうせん》　「挑む←戦いを」と解釈。
08	（ ア ）	俊秀《しゅんしゅう》　どちらも「すぐれる」の意。
09	（ オ ）	不穏《ふおん》　「穏やかでない」と解釈。
10	（ エ ）	懲悪《ちょうあく》　「懲らしめる←悪を」と解釈。

でる度 ★★★

熟語の構成 ④

熟語の構成のしかたには次のようなものがある。

ア 同じような意味の漢字を重ねたもの（**身体**）
イ 反対または対応の意味を表す字を重ねたもの（**長短**）
ウ 上の字が下の字を修飾しているもの（**会員**）
エ 下の字が上の字の目的語・補語になっているもの（**着火**）
オ 上の字が下の字の意味を打ち消しているもの（**非常**）

次の熟語は、上のどれにあたるか、記号で記せ。

□ **01** 堕落（　　）

□ **02** 不浄（　　）

□ **03** 諭旨（　　）

□ **04** 推奨（　　）

□ **05** 乗除（　　）

□ **06** 徹底（　　）

□ **07** 旋風（　　）

□ **08** 核心（　　）

□ **09** 明滅（　　）

□ **10** 暗礁（　　）

合格点	得点
8/10	/10

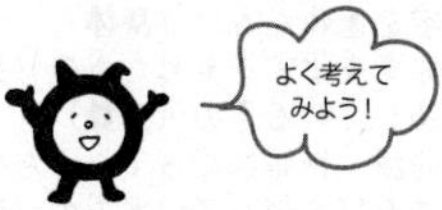

	解答	解説
01	（ ア ）	堕落《だらく》　どちらも「おちる」の意。
02	（ オ ）	不浄《ふじょう》　「清浄ではない」と解釈。
03	（ エ ）	諭旨《ゆし》　「さとす ← 趣旨を」と解釈。
04	（ ア ）	推奨《すいしょう》　どちらも「すすめる」の意。
05	（ イ ）	乗除《じょうじょ》　「掛け算」↔「割り算」と解釈。
06	（ エ ）	徹底《てってい》　「貫き通す ← 底まで」と解釈。
07	（ ウ ）	旋風《せんぷう》　「めぐる → 風」と解釈。
08	（ ア ）	核心《かくしん》　どちらも「中心」の意。
09	（ イ ）	明滅《めいめつ》　「明るくなる」↔「暗くなる」と解釈。
10	（ ウ ）	暗礁《あんしょう》　「暗い → 岩場」と解釈。

でる度 ★★★

熟語の構成 5

熟語の構成のしかたには次のようなものがある。

ア 同じような意味の漢字を重ねたもの（**身体**）
イ 反対または対応の意味を表す字を重ねたもの（**長短**）
ウ 上の字が下の字を修飾しているもの（**会員**）
エ 下の字が上の字の目的語・補語になっているもの（**着火**）
オ 上の字が下の字の意味を打ち消しているもの（**非常**）

次の熟語は、上のどれにあたるか、記号で記せ。

□ **01**　無尽（　　）

□ **02**　哀歓（　　）

□ **03**　土壌（　　）

□ **04**　奔流（　　）

□ **05**　免租（　　）

□ **06**　報酬（　　）

□ **07**　玩具（　　）

□ **08**　違背（　　）

□ **09**　叙任（　　）

□ **10**　吉凶（　　）

合格点 **8**/10 ｜ 得点 /10

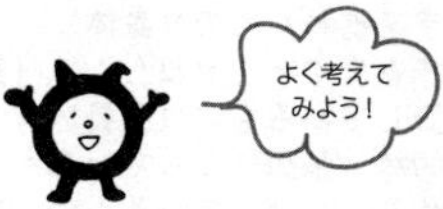

解答	解説
01 （ オ ）	無尽《むじん》 「尽きることがない」と解釈。
02 （ イ ）	哀歓《あいかん》 「悲しみ」⟷「喜び」と解釈。
03 （ ア ）	土壌《どじょう》 どちらも「つち」の意。
04 （ ウ ）	奔流《ほんりゅう》 「激しい → 流れ」と解釈。
05 （ エ ）	免租《めんそ》 「免除する ← 税を」と解釈。
06 （ ア ）	報酬《ほうしゅう》 どちらも「むくいる」の意。
07 （ ウ ）	玩具《がんぐ》 「あそぶ → 道具」と解釈。
08 （ ア ）	違背《いはい》 どちらも「そむく」の意。
09 （ エ ）	叙任《じょにん》 「授ける ← 任務を」と解釈。
10 （ イ ）	吉凶《きっきょう》 （縁起の）「よい」⟷「悪い」と解釈。

でる度 ★★★

熟語の構成 ⑥

熟語の構成のしかたには次のようなものがある。

ア	同じような意味の漢字を重ねたもの（**身体**）
イ	反対または対応の意味を表す字を重ねたもの（**長短**）
ウ	上の字が下の字を修飾しているもの（**会員**）
エ	下の字が上の字の目的語・補語になっているもの（**着火**）
オ	上の字が下の字の意味を打ち消しているもの（**非常**）

次の熟語は、上のどれにあたるか、記号で記せ。

□ **01** 尚早（　　）

□ **02** 毀誉（　　）

□ **03** 汎愛（　　）

□ **04** 間隙（　　）

□ **05** 頓才（　　）

□ **06** 糾弾（　　）

□ **07** 含羞（　　）

□ **08** 無稽（　　）

□ **09** 配膳（　　）

□ **10** 具備（　　）

合格点	得点
8/10	/10

でる度 ★★★ ★★ ★

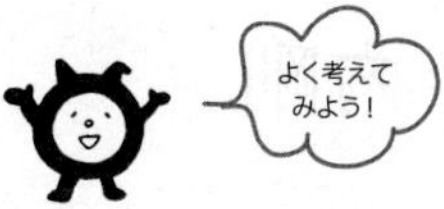

解答	解説
01 (ウ)	尚早《しょうそう》 「まだ → 早い」と解釈。
02 (イ)	毀誉《きよ》 「けなす」↔「ほめる」と解釈。
03 (ウ)	汎愛《はんあい》 「広く → 愛する」と解釈。
04 (ア)	間隙《かんげき》 どちらも「すきま」の意。
05 (ウ)	頓才《とんさい》 「臨機の → 才能」と解釈。
06 (ア)	糾弾《きゅうだん》 どちらも「誤りをただす」の意。
07 (エ)	含羞《がんしゅう》 「抱く ← はじらいを」と解釈。
08 (オ)	無稽《むけい》 「比べて考えるものがない」と解釈。
09 (エ)	配膳《はいぜん》 「配る ← 膳を」と解釈。
10 (ア)	具備《ぐび》 どちらも「そなえる」の意。

でる度 ★★★

四字熟語 1

次の四字熟語の（　）に入る適切な語を右の□の中から選び、漢字二字で記せ。

□ 01 （　　　）内剛

□ 02 （　　　）馬食

□ 03 雲水（　　　）

□ 04 （　　　）夢死

□ 05 （　　　）自在

□ 06 空空（　　　）

□ 07 （　　　）虎皮

□ 08 百八（　　　）

□ 09 気炎（　　　）

□ 10 （　　　）奇策

あんぎゃ
がいじゅう
かんきゅう
げいいん
すいせい
ばくばく
ばんじょう
ぼんのう
みょうけい
ようしつ

合格点	得点
8/10	/10

ここまでがんばろう!

でる度 ★★★ ★★ ★

解答	解説
01 （外柔《がいじゅう》）内剛《ないごう》	表面は穏やかそうで、実際は意志などが強いこと。 他例 「内剛」が出題されることもある。
02 （鯨飲《げいいん》）馬食《ばしょく》	大酒を飲み、大食いをすること。
03 雲水《うんすい》（行脚《あんぎゃ》）	僧が諸国をめぐって修行すること。
*04 （酔生《すいせい》）夢死《むし》	何もせずに無駄に一生を過ごすこと。
05 （緩急《かんきゅう》）自在《じざい》	物事を思うままにあやつること。
06 空空《くうくう》（漠漠《ばくばく》）	何物もなく果てしなく広いさま。
07 （羊質《ようしつ》）虎皮《こひ》	外見はりっぱだが、それに伴う実質がないこと。 他例 「虎皮」が出題されることもある。
08 百八《ひゃくはち》（煩悩《ぼんのう》）	仏教で、人間が持つという百八種類の欲望。
*09 気炎《きえん》（万丈《ばんじょう》）	意気盛んなさま。
10 （妙計《みょうけい》）奇策《きさく》	非常にすぐれたはかりごと。

※★付き番号は、意味を問われやすい問題

でる度 ★★★

四字熟語 ②

次の四字熟語の（　）に入る適切な語を右の□の中から選び、漢字二字で記せ。

□ **01** （　　　）得喪

□ **02** 当代（　　　）

□ **03** （　　　）連理

□ **04** 正真（　　　）

□ **05** 異端（　　　）

□ **06** （　　　）曲直

□ **07** 意気（　　　）

□ **08** 当意（　　　）

□ **09** （　　　）令色

□ **10** （　　　）明瞭

かふく
かんたん
こうげん
じゃせつ
しょうてん
しょうめい
ずいいち
ぜひ
そくみょう
ひよく

合格点	得点
8/10	/10

でる度 ★

解答	解説
*01 （禍福《かふく》）得喪《とくそう》	幸せと不幸、得ることと失うこと。
02 当代《とうだい》（随一《ずいいち》）	今の時代でもっともすぐれていること。
*03 （比翼《ひよく》）連理《れんり》	男女の愛が深いことのたとえ。
04 正真《しょうしん》（正銘《しょうめい》）	うそいつわりのないこと。
05 異端《いたん》（邪説《じゃせつ》）	正統でないよこしまな思想・信仰・学説のこと。
06 （是非《ぜひ》）曲直《きょくちょく》	物事の善悪、正・不正のこと。
07 意気《いき》（衝天《しょうてん》）	意気込みが天をつくほど盛んなこと。
08 当意《とうい》（即妙《そくみょう》）	その場に応じてすぐに機転をきかすこと。
09 （巧言《こうげん》）令色《れいしょく》	言葉を飾り、顔つきもやわらげてこびること。
10 （簡単《かんたん》）明瞭《めいりょう》	物事や表現がやさしく、はっきりしてわかりやすいこと。

※*付き番号は、意味を問われやすい問題

でる度 ★★★

四字熟語 ③

次の四字熟語の（　）に入る適切な語を右の□の中から選び、漢字二字で記せ。

□ **01** （　　　）強記

□ **02** （　　　）万紅

□ **03** 二律（　　　）

□ **04** 怨親（　　　）

□ **05** 春日（　　　）

□ **06** （　　　）奮闘

□ **07** 周知（　　　）

□ **08** 刻苦（　　　）

□ **09** 千載（　　　）

□ **10** 支離（　　　）

いちぐう
こぐん
せんし
ちち
てってい
はいはん
はくらん
びょうどう
べんれい
めつれつ

合格点	得点
8/10	/10

でる度 ★★★ ★★ ★

解答	解説
*01 （博覧《はくらん》）強記《きょうき》	広く書物を読み、物事をよく記憶していること。
02 （千紫《せんし》）万紅《ばんこう》	さまざまな色の花が咲き乱れるさま。
03 二律《にりつ》（背反《はいはん》）	二つのことが互いに矛盾して両立しないこと。
04 怨親《おんしん》（平等《びょうどう》）	恨み敵対した者も親しい人も同じように扱うこと。
05 春日《しゅんじつ》（遅遅《ちち》）	春の日が長く、暮れるのがおそくてのどかなさま。
06 （孤軍《こぐん》）奮闘《ふんとう》	助ける者もなくただ一人でがんばること。 他例「奮闘」が出題されることもある。
07 周知《しゅうち》（徹底《てってい》）	多くの人に知れわたるようにすること。 他例「周知」が出題されることもある。
08 刻苦《こっく》（勉励《べんれい》）	心身を苦しめるほどにひたすら努力を重ねること。 他例「刻苦」が出題されることもある。
09 千載《せんざい》（一遇《いちぐう》）	千年に一度しかめぐりあえないほどまれなこと。 他例「千載」が出題されることもある。
*10 支離《しり》（滅裂《めつれつ》）	物事の筋道が立っていなくてばらばらなこと。 他例「支離」が出題されることもある。

※★付き番号は、意味を問われやすい問題

でる度
★★★

四字熟語 ④

次の四字熟語の（　）に入る適切な語を
右の□の中から選び、漢字二字で記せ。

□ 01 徒手（　　　）

□ 02 白砂（　　　）

□ 03 勇猛（　　　）

□ 04 （　　　）来復

□ 05 （　　　）腹背

□ 06 月下（　　　）

□ 07 朝令（　　　）

□ 08 （　　　）一紅

□ 09 （　　　）存亡

□ 10 遠慮（　　　）

いちよう
えしゃく
かかん
ききゅう
くうけん
せいしょう
ばんりょく
ひょうじん
ぼかい
めんじゅう

合格点	得点
8/10	/10

でる度 ★★★ ★★ ★

解答	解説
01 徒手《としゅ》（空拳《くうけん》）	手に何も持っていないこと。
02 白砂《はくしゃ(はくさ)》（青松《せいしょう》）	白い砂浜と青い松が続く海辺の美しい景色のこと。 他例「白砂」が出題されることもある。
03 勇猛《ゆうもう》（果敢《かかん》）	勇ましくて、決断力に富むこと。 他例「勇猛」が出題されることもある。
04（一陽《いちよう》）来復《らいふく》	不運が続いた後、幸運が向いてくること。 他例「来復」が出題されることもある。
05（面従《めんじゅう》）腹背《ふくはい》	表面では従順なふりをして、心の中では反抗していること。 他例「腹背」が出題されることもある。
★06 月下《げっか》（氷人《ひょうじん》）	男女の縁をとりもつ人。
★07 朝令《ちょうれい》（暮改《ぼかい》）	命令が絶えず変わってあてにならないこと。
★08（万緑《ばんりょく》）一紅《いっこう》	多くの同じ物の中でただ一つだけ違う物。
★09（危急《ききゅう》）存亡《そんぼう》	危険がせまって生きるか死ぬかの瀬戸際。
10 遠慮《えんりょ》（会釈《えしゃく》）	他人に対する心づかい。

※★付き番号は、意味を問われやすい問題

でる度 ★★★

対義語・類義語 1

右の□の中の語を一度だけ使って漢字に直し、対義語・類義語を記せ。

対義語

□ 01 諮問 ―（　　　）

□ 02 繁忙 ―（　　　）

□ 03 崇拝 ―（　　　）

□ 04 新奇 ―（　　　）

□ 05 不毛 ―（　　　）

類義語

□ 06 工事 ―（　　　）

□ 07 豊富 ―（　　　）

□ 08 熟知 ―（　　　）

□ 09 公表 ―（　　　）

□ 10 歴然 ―（　　　）

かんさん
けいぶ
けんちょ
じゅんたく
ちんぷ
つうぎょう
とうしん
ひろう
ひよく
ふしん

合格点	得点
8/10	/10

でる度 ★★★ ★★ ★

解答　**解説**

01 （ 答申《とうしん》 ）

諮問《しもん》＝有識者や一定機関に、意見を求めること。
答申＝上司の問いに対して、意見を申し述べること。

---

02 （ 閑散《かんさん》 ）

繁忙《はんぼう》＝用事が多くて忙しいさま。
閑散＝暇でひっそりしているさま。

---

03 （ 軽侮《けいぶ》 ）

崇拝《すうはい》＝尊び敬うこと。
軽侮＝ばかにしてあなどること。
他例 尊敬《そんけい》―軽侮

---

04 （ 陳腐《ちんぷ》 ）

新奇《しんき》＝変わっていて目新しく珍しいこと。
陳腐＝ありふれていて古くさいこと。

---

05 （ 肥沃《ひよく》 ）

不毛《ふもう》＝土地がやせていて作物や草木が育たないこと。
肥沃＝土地が肥えていて農作物がよくできること。

---

06 （ 普請《ふしん》 ）

工事《こうじ》＝土木・建築などの作業・仕事。
普請＝建築工事。土木工事。

---

07 （ 潤沢《じゅんたく》 ）

豊富《ほうふ》＝種類や数量がたっぷりあること。
潤沢＝物が豊富にあること。

---

08 （ 通暁《つうぎょう》 ）

熟知《じゅくち》＝十分によく知っていること。
通暁＝非常にくわしく知りぬいていること。

---

09 （ 披露《ひろう》 ）

公表《こうひょう》＝世間に発表すること。
披露＝広く発表すること。

---

10 （ 顕著《けんちょ》 ）

歴然《れきぜん》＝紛れもなく明らかなさま。
顕著＝特に目につくさま。
他例 明白《めいはく》―顕著

でる度 ★★★

対義語・類義語 ②

右の□の中の語を一度だけ使って漢字に直し、対義語・類義語を記せ。

対義語

□ 01 没落 ―（　　　）

□ 02 固辞 ―（　　　）

□ 03 高遠 ―（　　　）

□ 04 不足 ―（　　　）

□ 05 暴露 ―（　　　）

類義語

□ 06 筋道 ―（　　　）

□ 07 抜粋 ―（　　　）

□ 08 気分 ―（　　　）

□ 09 順次 ―（　　　）

□ 10 是認 ―（　　　）

かいだく
かじょう
きげん
こうてい
しょうろく
ちくじ
ひきん
ひとく
ぼっこう
みゃくらく

合格点 8/10 | 得点 /10

でる度 ★★★ ★★ ★

解答 / 解説

01 （ 勃興《ぼっこう》 ）
没落《ぼつらく》＝栄えていたものが衰えること。
勃興＝にわかに勢力を得て盛んになること。

02 （ 快諾《かいだく》 ）
固辞《こじ》＝かたく辞退すること。
快諾＝気持ちよく承知すること。

03 （ 卑近《ひきん》 ）
高遠《こうえん》＝高く抜きん出ているさま。
卑近＝身近で理解しやすいさま。

04 （ 過剰《かじょう》 ）
不足《ふそく》＝足りないこと。十分でないさま。
過剰＝あり過ぎること。ありあまるさま。

05 （ 秘匿《ひとく》 ）
暴露《ばくろ》＝秘密や悪事があらわれること。
秘匿＝隠して、人に見せたり知らせたりしないこと。

06 （ 脈絡《みゃくらく》 ）
筋道《すじみち》＝物事の道理。条理。
脈絡＝物事の一貫したつながり。

07 （ 抄録《しょうろく》 ）
抜粋《ばっすい》＝必要な部分を抜き出したもの。
抄録＝必要な部分だけ抜き書きしたもの。

08 （ 機嫌《きげん》 ）
気分《きぶん》＝その時その時の心身の感じ。
機嫌＝心の状態。
他例 気色《きしょく》―機嫌

09 （ 逐次《ちくじ》 ）
順次《じゅんじ》＝順を追って次々に。
逐次＝しだいしだいに。

10 （ 肯定《こうてい》 ）
是認《ぜにん》＝よいと認めること。
肯定＝その通りと判断して認めること。

でる度 ★★★

対義語・類義語 ③

右の□の中の語を一度だけ使って漢字に直し、対義語・類義語を記せ。

対義語

□ **01** 凡百 —（　　）

□ **02** 理論 —（　　）

□ **03** 真実 —（　　）

□ **04** 賢明 —（　　）

□ **05** 疎遠 —（　　）

類義語

□ **06** 指揮 —（　　）

□ **07** 屋敷 —（　　）

□ **08** 寄与 —（　　）

□ **09** 監禁 —（　　）

□ **10** 忘我 —（　　）

あんぐ
きょぎ
こうけん
こんい
さいはい
じっせん
ていたく
とうすい
ゆいいつ
ゆうへい

合格点	得点
8/10	/10

でる度 ★★★ ★★ ★

	解答	解説
01	(唯一《ゆいいつ》)	凡百《ぼんびゃく》=いろいろのものや人。 唯一=ただひとつであること。
02	(実践《じっせん》)	理論《りろん》=筋道にしたがって組み立てられた考え。 実践=実際に自分で行うこと。
03	(虚偽《きょぎ》)	真実《しんじつ》=うそのない本当のこと。 虚偽=うそ。でたらめ。
04	(暗愚《あんぐ》)	賢明《けんめい》=賢くて道理に明るいこと。 暗愚=道理にくらくおろかなこと。また、その人。
05	(懇意《こんい》)	疎遠《そえん》=便りもなく親しみがうすれること。 懇意=特に親しくつきあって仲のよいこと。
06	(采配《さいはい》)	指揮《しき》=人々に指図をすること。 采配=指図。指揮。
07	(邸宅《ていたく》)	屋敷《やしき》=広い敷地に建つ、りっぱな家。 邸宅=大きくてりっぱな家。
08	(貢献《こうけん》)	寄与《きよ》=国家・社会などに役立つことをすること。 貢献=ある事に力を尽くして役立つこと。
09	(幽閉《ゆうへい》)	監禁《かんきん》=一定の場所に閉じこめて、行動の自由を奪うこと。 幽閉=人を一定の場所に閉じこめること。
10	(陶酔《とうすい》)	忘我《ぼうが》=夢中になって、我を忘れること。 陶酔=心を奪われてうっとりすること。

でる度 ★★★

対義語・類義語 ④

右の□の中の語を一度だけ使って漢字に直し、対義語・類義語を記せ。

対義語

□ **01** 激賞 ―（　　　）

□ **02** 畏敬 ―（　　　）

□ **03** 貫徹 ―（　　　）

□ **04** 炎暑 ―（　　　）

□ **05** 進呈 ―（　　　）

類義語

□ **06** 瞬間 ―（　　　）

□ **07** 懐柔 ―（　　　）

□ **08** 激怒 ―（　　　）

□ **09** 学識 ―（　　　）

□ **10** 傾斜 ―（　　　）

こうばい
こっかん
ざせつ
せつな
ぞうけい
ちょうだい
ばとう
ぶべつ
ふんがい
ろうらく

合格点	得点
8/10	/10

でる度 ★

	解答	解説
01	(罵倒《ばとう》)	激賞《げきしょう》＝非常にほめたたえること。 罵倒＝激しくののしること。 他例 絶賛《ぜっさん》—罵倒　激励《げきれい》—罵倒
02	(侮蔑《ぶべつ》)	畏敬《いけい》＝おそれうやまうこと。 侮蔑＝見下しさげすむこと。
03	(挫折《ざせつ》)	貫徹《かんてつ》＝自分の考えなどをつらぬき通すこと。 挫折＝途中でくじけてだめになること。
04	(酷寒《こっかん》)	炎暑《えんしょ》＝真夏の焼けつくような暑さ。 酷寒＝厳しい寒さ。ひどい寒さ。
05	(頂戴《ちょうだい》)	進呈《しんてい》＝人に物を差し上げること。 頂戴＝「もらうこと」の謙譲語。
06	(刹那《せつな》)	瞬間《しゅんかん》＝非常に短い間。 刹那＝極めて短い時間。
07	(籠絡《ろうらく》)	懐柔《かいじゅう》＝うまいことを言って抱き込むこと。 籠絡＝人をたくみに言いくるめて、思い通りに操ること。
08	(憤慨《ふんがい》)	激怒《げきど》＝はげしく怒ること。 憤慨＝ひどく腹を立てること。
09	(造詣《ぞうけい》)	学識《がくしき》＝学問から得た知識や見識。 造詣＝学問や芸術などの分野で深い知識を持っていること。他例 識見《しきけん》—造詣
10	(勾配《こうばい》)	傾斜《けいしゃ》＝ななめにかたむくこと。 勾配＝水平面に対するかたむきの度合い。

でる度 ★★★

同音・同訓異字 1

次の——線のカタカナを漢字に直せ。

□ 01 実力ハクチュウの好敵手。 (　　)

□ 02 ハクチュウ堂々、盗みに入る。 (　　)

□ 03 投票日をコクジする。 (　　)

□ 04 二つの作品はコクジしている。 (　　)

□ 05 ソウサが難航している事件。 (　　)

□ 06 機械のソウサを誤る。 (　　)

□ 07 君にはセンタクの余地はない。 (　　)

□ 08 泥まみれの服をセンタクする。 (　　)

□ 09 野原で草花をツむ。 (　　)

□ 10 お節料理を重箱にツめていく。 (　　)

合格点	得点
8/10	/10

でる度 ★★★ ★★ ★

解答	解説
01 (伯仲)	長兄と次兄。転じて、共に優秀で差がないこと。
02 (白昼)	ひるひなか。
03 (告示)	国家や公共団体が、ある事項を公式に広く一般に知らせること。
04 (酷似)	非常によく似ていること。そっくりなこと。
05 (捜査)	さがして調べること。
06 (操作)	あやつって動かすこと。
07 (選択)	いくつかの中から適切なものを選ぶこと。
08 (洗濯)	汚れた衣類などを洗うこと。
09 (摘)	摘む＝指先や爪の先ではさみとる。つまみとる。
10 (詰)	詰める＝すきまなく入れる。入れていっぱいにする。

でる度 ★★★

同音・同訓異字 2

次の――線のカタカナを漢字に直せ。

□ **01** センサイな筆致で描かれた絵。 (　　)

□ **02** 疎開してセンサイを免れる。 (　　)

□ **03** 窓を閉めてシャオンする。 (　　)

□ **04** 教授をシャオン会に招く。 (　　)

□ **05** 鏡についたシモンを拭き取る。 (　　)

□ **06** 議長のシモンに応じる。 (　　)

□ **07** コウハイした家屋を取り壊す。 (　　)

□ **08** ごコウハイを感謝します。 (　　)

□ **09** コりずに何度も試験を受ける。 (　　)

□ **10** 切手を集めるのにコる。 (　　)

合格点	得点
8/10	/10

でる度 ★★★ ★★ ★

	解答	解説
01	（ 繊細 ）	感情や感性が細やかで鋭いさま。
02	（ 戦災 ）	戦争で受ける被害。
03	（ 遮音 ）	外部の音が聞こえてこないように、また、音が外に漏れないようにさえぎること。
04	（ 謝恩 ）	受けた恩に対する感謝の気持ちを表すこと。
05	（ 指紋 ）	指先の内側にある、多くの線でできた模様。また、それが物についた跡。
06	（ 諮問 ）	有識者やある特定の機関に対し、政策などの意見を尋ね求めること。
07	（ 荒廃 ）	あれ果てた状態になること。
08	（ 高配 ）	他人の払ってくれる配慮を敬っていう語。
09	（ 懲 ）	懲りる＝いやな目にあって、再び同じことをやるまいと思う。 他例 請《こ》う・越《こ》える
10	（ 凝 ）	凝る＝ある物事に熱中して打ち込む。ふける。

でる度 ★★★

同音・同訓異字 ③

次の――線のカタカナを漢字に直せ。

□ **01** 行事の参加をキョヒする。（　　）

□ **02** キョヒを投じて別館を建設する。（　　）

□ **03** 生徒が校内をセイソウする。（　　）

□ **04** 幾百年のセイソウを重ねる。（　　）

□ **05** 空襲に備え灯火カンセイを敷く。（　　）

□ **06** カンセイな住宅街に居を構える。（　　）

□ **07** 特殊撮影したカイジュウ映画。（　　）

□ **08** 賄賂によってカイジュウする。（　　）

□ **09** 印材に名前をホってもらう。（　　）

□ **10** うそを重ねて墓穴をホる。（　　）

合格点	得点
8/10	/10

でる度 ★★★ ★★ ★

	解答	解説
01	(拒否)	申し入れや働きかけをこばむこと。
02	(巨費)	多額の費用。
03	(清掃)	きれいにそうじすること。
04	(星霜)	としつき。歳月。
05	(管制)	灯《とう》火《か》管制《かんせい》=夜間、空襲に備えて光をさえぎったり消灯したりすること。
06	(閑静)	往来が少なく、落ち着いて静かなこと。
07	(怪獣)	正体不明の不思議な動物。
08	(懐柔)	相手をうまく丸め込んで、思いどおりに従わせること。
09	(彫)	彫る=木や石・金属などを刻んで、いろいろの形をつくる。 他例 帆《ほ》・穂《ほ》
10	(掘)	墓穴《ぼけつ》を掘《ほ》る=身を滅ぼす原因を自分から作ることのたとえ。

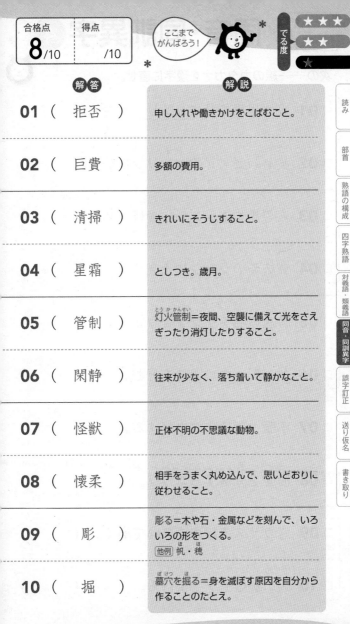

でる度 ★★★

同音・同訓異字 4

次の――線のカタカナを漢字に直せ。

□ **01** 事故現場を見てセンリツが走る。(　　)

□ **02** 美しいピアノのセンリツに酔う。(　　)

□ **03** 人の忠告をシンシに受け止める。(　　)

□ **04** 背広姿のシンシに出会う。(　　)

□ **05** 特産の品をケンジョウする。(　　)

□ **06** ケンジョウの美徳を好む。(　　)

□ **07** 不服な判決にコウソする。(　　)

□ **08** 脂肪を分解するコウソ。(　　)

□ **09** 窓ガラスを雑巾でフいて磨く。(　　)

□ **10** 火山が煙をフき上げる。(　　)

合格点	得点
8/10	/10

でる度 ★★★ ★★ ★

解答	解説
01（ 戦慄 ）	恐れで体がふるえること。
02（ 旋律 ）	メロディー。
03（ 真摯 ）	まじめでひたむきなさま。
04（ 紳士 ）	教養があって礼儀正しい男の人。
05（ 献上 ）	主君や貴人に物を差し上げること。
06（ 謙譲 ）	へりくだりゆずること。ひかえめであるさま。
07（ 控訴 ）	第一審判決に不服な場合に上級裁判所に再審査を求めること。
08（ 酵素 ）	生体内の化学反応の触媒として働く、たんぱく質を主体とする高分子化合物。
09（ 拭 ）	拭く＝汚れや水気などを布や紙でぬぐいさること。 他例 更《ふ》ける・老《ふ》ける
10（ 噴 ）	噴《ふ》き上《あ》げる＝水や煙などを勢いよく上へふき出させる。

でる度
★★★

誤字訂正 ①

次の各文にまちがって使われている同じ読みの漢字が一字ある。左に誤字を、右に正しい漢字を記せ。

□ **01** 災害時には家屋の倒壊によって幹線道路の通行が射断され、大規模な渋滞が生じると予想される。
誤（　　）⇒ 正（　　）

□ **02** 遺跡調査団による発屈調査以降、壁画は現状のまま現地保存することになった。
誤（　　）⇒ 正（　　）

□ **03** 強豪校の監督だったが、指導中に生徒の頭を押打する体罰を加えて懲戒処分を受けた。
誤（　　）⇒ 正（　　）

□ **04** 巨額脱税事件を摘発するため、関連企業に対して一整に強制捜査に踏み切る。
誤（　　）⇒ 正（　　）

□ **05** 白く輝く氷河や広漠な針葉樹林帯を上空から眺める遊覧飛行を満詰する。
誤（　　）⇒ 正（　　）

□ **06** 外国で擬造された運転免許証を売買した容疑で、警察は主犯格の男を逮捕した。
誤（　　）⇒ 正（　　）

□ **07** ネット社会では企業内の固客情報の管理が問題となっており、その扱いには細心の注意が必要だ。
誤（　　）⇒ 正（　　）

□ **08** 自宅近くにある個人病院での検査の結果、早急に専門医療機関で受審するように言われた。
誤（　　）⇒ 正（　　）

合格点	得点
7/8	/8

でる度 ★★★ ★★ ★

解答

	誤		正	解説
01	（射）	⇒	（遮）	遮断《しゃだん》＝流れをさえぎり止めること。
02	（屈）	⇒	（掘）	発掘《はっくつ》＝地中に埋もれているものをほり出すこと。
03	（押）	⇒	（殴）	殴打《おうだ》＝ひどくなぐりつけること。
04	（整）	⇒	（斉）	一斉《いっせい》＝同時。
05	（詰）	⇒	（喫）	満喫《まんきつ》＝十分に味わって満足すること。
06	（擬）	⇒	（偽）	偽造《ぎぞう》＝にせ物を造ること。
07	（固）	⇒	（顧）	顧客《こきゃく》＝ひいきにしてくれる客。おとくいさま。
08	（審）	⇒	（診）	受診《じゅしん》＝医師に病気の具合をみてもらうこと。

でる度 ★★★

誤字訂正 ②

次の各文にまちがって使われている同じ読みの漢字が一字ある。左に誤字を、右に正しい漢字を記せ。

□ **01** 市長は、執務時間中の私用外出を自縮するよう改めて全ての職員に通達した。

誤（　　）⇒ **正**（　　）

□ **02** 薬を投与する場合、血中濃度を測定し解積した結果と臨床所見から投与計画を決める。

誤（　　）⇒ **正**（　　）

□ **03** 商店街では顧客の購買意欲を効果的に感起する多彩なサービスを提供している。

誤（　　）⇒ **正**（　　）

□ **04** 大規模な植林によって河川の水質の壊化が促進されると、近海区域での汚染の改善が期待される。

誤（　　）⇒ **正**（　　）

□ **05** 就業者数に締める正規雇用の割合は減少傾向にあり、契約社員や嘱託の比率は増加している。

誤（　　）⇒ **正**（　　）

□ **06** 各地方公共団体では歳入不足に伴う支出の搾減が広範に実施されて緊縮予算となっている。

誤（　　）⇒ **正**（　　）

□ **07** 都内の百貨店で開催された複数の戦場カメラマンによる写真展が大きな反況を呼んでいる。

誤（　　）⇒ **正**（　　）

□ **08** 新総理大臣は就任記者会見で今後も引き続き非核三原則を国是として謙持する方針を表明した。

誤（　　）⇒ **正**（　　）

合格点 7/8 得点 /8

でる度 ★★★ ★★ ★

解答 解説

誤		正	
01（縮）⇒（粛）			自粛《じしゅく》＝自ら進んで控えめにしたり、やめたりすること。
02（積）⇒（析）			解析《かいせき》＝事柄を細かく分けて、組織的・論理的に調べること。
03（感）⇒（喚）			喚起《かんき》＝呼び起こすこと。
04（壌）⇒（浄）			浄化《じょうか》＝きたない物を除いてきれいにすること。
05（締）⇒（占）			占《し》める＝ある程度の割合を持つ。 注意 締《し》める＝結ぶ。
06（搾）⇒（削）			削減《さくげん》＝けずってへらすこと。
07（況）⇒（響）			反響《はんきょう》＝あるできごとや新たな発見などに対して起きる、世間の反応。
08（謙）⇒（堅）			堅持《けんじ》＝考えや態度をかたく守って動じないこと。

でる度 ★★★

誤字訂正 ③

次の各文にまちがって使われている同じ読みの漢字が一字ある。左に誤字を、右に正しい漢字を記せ。

□ **01** 車同士の接嘱事故に遭遇し、幸いけが人はいなかったが急いで警察に電話した。
誤（　　）⇒ 正（　　）

□ **02** 悪性腫瘍の治療法として、手術の他に人間が本来持つ免益力を強化することが効果的である。
誤（　　）⇒ 正（　　）

□ **03** 館長は図書館を開館するために、知人や地元商店に本の記贈を依頼した。
誤（　　）⇒ 正（　　）

□ **04** 今回の贈収賄事件により、建設業界と監督官庁との長年にわたる諭着の実態が明らかになった。
誤（　　）⇒ 正（　　）

□ **05** 加工食品の容器や包層には原材料名、賞味期限、保存方法、販売者等が明確に表記されている。
誤（　　）⇒ 正（　　）

□ **06** この絵は、深まりゆく秋の静けさを凍明感のある美しい風景画に描きあげた格調高い名作だ。
誤（　　）⇒ 正（　　）

□ **07** 中年男性の肥満は、慢性的な運動不足と仕事上のストレスが勇因となっている場合が多い。
誤（　　）⇒ 正（　　）

□ **08** 急な発作には沈痛効果の高い薬の投与が欠かせないというのが、医師たちの一致した見解である。
誤（　　）⇒ 正（　　）

解答

	誤		正	解説
01	（囑）	⇒	（触）	接触《せっしょく》＝近づいてふれること。
02	（益）	⇒	（疫）	免疫《めんえき》＝抵抗力がつき病気にかからないこと。
03	（記）	⇒	（寄）	寄贈《きぞう》＝物品をおくり与えること。
04	（諭）	⇒	（癒）	癒着《ゆちゃく》＝不正に深くつながりあっていること。
05	（層）	⇒	（装）	包装《ほうそう》＝物を上包みすること。また、その上包み。
06	（凍）	⇒	（透）	透明《とうめい》＝すきとおっているさま。
07	（勇）	⇒	（誘）	誘因《ゆういん》＝あることを引き起こす原因。
08	（沈）	⇒	（鎮）	鎮痛《ちんつう》＝痛みをしずめること。 注意 沈痛《ちんつう》＝悲しみや心配ごとに心を痛めること。

でる度 ★★★

誤字訂正 ④

次の各文にまちがって使われている同じ読みの漢字が一字ある。左に誤字を、右に正しい漢字を記せ。

□ **01** 事故の発生直後に行われた緊急検査で複数の機体に亀烈が生じていることが判明した。
誤（　　）⇒ 正（　　）

□ **02** 神秘的な雰囲気が漂う清秋の径谷沿いを散策しながら紅葉の織り成す美しい景色を楽しんだ。
誤（　　）⇒ 正（　　）

□ **03** この賞は、クラブの発展に格別に貢献した選手・監督を憲彰するために設けられた。
誤（　　）⇒ 正（　　）

□ **04** 感染症対策として、冬場でもこまめに窓を開けて室内を還気することが推奨された。
誤（　　）⇒ 正（　　）

□ **05** 生産性を向上させるためには、土地の改良事業や用水の確保などの基板整備が必要である。
誤（　　）⇒ 正（　　）

□ **06** 明治維新の後、横浜は外国人居留区域などを中心に開化が進み、日本の鉄道発昇の地にもなった。
誤（　　）⇒ 正（　　）

□ **07** サッカーの世界大会を開催する競技場では、暴徒と化す観客の乱闘を疎止するために警備を強めた。
誤（　　）⇒ 正（　　）

□ **08** 企業城下町として発展してきた都市は、輸出競争力の衰退から工場が閉鎖され降廃していった。
誤（　　）⇒ 正（　　）

合格点 **7**/8 | 得点 /8

解答	誤		正	解説
01	(烈)	⇒	(裂)	亀裂《きれつ》＝亀の甲の模様のように、ひびが入ること。
02	(径)	⇒	(渓)	渓谷《けいこく》＝水の流れている深い谷。
03	(憲)	⇒	(顕)	顕彰《けんしょう》＝隠れた善行や功績などを広く知らせること。
04	(還)	⇒	(換)	換気《かんき》＝室内・屋内などの空気を新鮮な空気と入れかえること。
05	(板)	⇒	(盤)	基盤《きばん》＝物事の基礎となるもの。 注意 基板《きばん》＝電子部品などを配置するプリント板。
06	(昇)	⇒	(祥)	発祥《はっしょう》＝物事が起こり始まること。
07	(疎)	⇒	(阻)	阻止《そし》＝さまたげてくいとめること。
08	(降)	⇒	(荒)	荒廃《こうはい》＝あれ果てた状態になること。

でる度★★★

送り仮名①

次の――線のカタカナを漢字一字と送り仮名（ひらがな）に直せ。

□ **01** 常識をクツガエス新しい発想だ。（　　）

□ **02** 国に忠誠をチカウ。（　　）

□ **03** 係員にウナガサれるままに進む。（　　）

□ **04** 思わず秘密をモラシてしまった。（　　）

□ **05** 洗濯物はまだシメッている。（　　）

□ **06** 危険を伴う任務にタズサワル。（　　）

□ **07** 父が体調をソコネル。（　　）

□ **08** 常に努力をオコタラない人だ。（　　）

□ **09** 注射をイヤガッて泣き叫ぶ子供。（　　）

□ **10** 天下をスベル地位に立つ。（　　）

合格点 8/10 得点 /10

でる度 ★★★ ★★ ★

解答	解説
01（ 覆す ）	今までのことを根本からすっかり改める。ひっくり返す。
02（ 誓う ）	あることの実行を固く約束する。心中で固く決意する。
03（ 促さ ）	促す＝早くするよう急がす。催促。
04（ 漏らし ）	漏らす＝秘密などを他にこっそり知らせる。
05（ 湿っ ）	湿る＝水気を含んで、しっとりする。湿潤。
06（ 携わる ）	かかわりあう。
07（ 損ねる ）	人の気持ちや体調を悪くする。
08（ 怠ら ）	怠る＝なまける。怠慢。
09（ 嫌がっ ）	嫌がる＝いやだと思う。きらう。嫌悪。
10（ 統べる ）	治める。支配する。統一。

でる度 ★★★

送り仮名②

次の——線のカタカナを漢字一字と送り仮名（ひらがな）に直せ。

□ **01** 行くか戻るか気持ちがユライだ。（　　）

□ **02** 想像力を働かせて物語をツムグ。（　　）

□ **03** 休日に河川敷でイコウ。（　　）

□ **04** 地震が発生して身をフセル。（　　）

□ **05** 密室で悪事をクワダテル。（　　）

□ **06** 単調な作業が続いてアキル。（　　）

□ **07** 政争の末に国がホロビた。（　　）

□ **08** 敵にまんまとアザムカれる。（　　）

□ **09** 口をスッパクして言う。（　　）

□ **10** 新幹線で出張先へオモムイた。（　　）

合格点	得点
8/10	/10

でる度 ★★★ ★★ ★

	解答	解説
01	(揺らい)	揺らぐ＝物事がぐらつく。不安定になる。
02	(紡ぐ)	言葉をつなげて文章をつくる。
03	(憩う)	ゆったりとくつろいで休む。休憩。
04	(伏せる)	体などを寝かせる。表面を下へ向かせる。
05	(企てる)	実行するための計画を立てる。企画。
06	(飽きる)	十分すぎていやになる。
07	(滅び)	滅びる＝絶えてなくなる。滅亡。
08	(欺か)	欺く＝まどわす。誤って意識させる。詐欺。
09	(酸っぱく)	口《くち》を酸《す》っぱくして言《い》う＝くどいほど何度も言う。
10	(赴い)	赴く＝その方向に向かって行く。赴任。

でる度 ★★★

送り仮名③

次の——線のカタカナを漢字一字と送り仮名（ひらがな）に直せ。

□ **01** 彼はイチジルシク成長した。（　　）

□ **02** 寒さに指先までコゴエル。（　　）

□ **03** 紅葉にイロドラれた山が連なる。（　　）

□ **04** 低温が植物の生長をサマタゲル。（　　）

□ **05** 会長にタテマツッておく。（　　）

□ **06** メニューに工夫をコラシてみる。（　　）

□ **07** カタヨッた意見を押しつける。（　　）

□ **08** 氷にハバマれて航行できない。（　　）

□ **09** 独裁者が民衆をシイタゲル。（　　）

□ **10** 難しい問題にイドンでみる。（　　）

合格点	得点
8/10	/10

でる度 ★★★ ★★ ★

解答	解説
01（ 著しく ）	著しい＝はっきりわかるほど目立つさま。
02（ 凍える ）	寒さで体が冷えきって固くなり、自由がきかなくなる。
03（ 彩ら ）	彩る＝色をつける。彩色。
04（ 妨げる ）	物事の進行をじゃまする。妨害。
05（ 奉っ ）	奉る＝表面的・形式的にだけ高く位置づける。
06（ 凝らし ）	凝らす＝考えや注意を一つに集中させる。
07（ 偏っ ）	偏る＝不公平になる。偏向。
08（ 阻ま ）	阻む＝防ぎ止める。
09（ 虐げる ）	不当に扱って苦しめる。虐待。
10（ 挑ん ）	挑む＝積極的に難関に立ち向かう。挑戦。

でる度 ★★★

送り仮名④

次の——線のカタカナを漢字一字と送り仮名（ひらがな）に直せ。

□ **01** 危険をトモナウ手術になる。（　　）

□ **02** 記憶はサダカデありません。（　　）

□ **03** 兄の才能がウラヤマシイ。（　　）

□ **04** 魚を油でアゲて食べる。（　　）

□ **05** マッタク心当たりがない。（　　）

□ **06** 長患いに回復のキザシが見えた。（　　）

□ **07** 風邪を引いて喉が赤くハレル。（　　）

□ **08** ヤセルために努力を続ける。（　　）

□ **09** 事実を正しくトラエル。（　　）

□ **10** 思わず顔がホコロビル。（　　）

合格点	得点
8/10	/10

でる度 ★★★ ★★ ★

解答	解説
01 （ 伴う ）	ある物事に付随して別の物事が起こる。
02 （ 定かで ）	定か＝確かなようす。はっきりしているようす。
03 （ 羨ましい ）	自分よりもすぐれた人やよい点を見て、自分もそうありたいと思う。
04 （ 揚げ ）	揚げる＝高温の油の中で加熱調理する。
05 （ 全く ）	決して。すっかり。
06 （ 兆し ）	物事が起こる前ぶれ。気配。
07 （ 腫れる ）	病気や炎症などによって、体の一部がふくれあがる。
08 （ 痩せる ）	体の肉が落ちて細くなる。
09 （ 捉える ）	視野や知識などの中におさめる。
10 （ 綻びる ）	表情がおだやかになってほほえむ。

でる度 ★★★

書き取り ❶

次の――線のカタカナを漢字に直せ。

□ **01** 幕府のコンリュウした寺。 (　　)

□ **02** 彼とはエシャクする程度の仲。 (　　)

□ **03** 精力的に全国をユウゼイする。 (　　)

□ **04** 姉は料理とサイホウが得意だ。 (　　)

□ **05** 意見が激しくショウトツする。 (　　)

□ **06** 誠実で自慢のムコだ。 (　　)

□ **07** 専門家のおスミ付きだ。 (　　)

□ **08** 先生にサトされて改心する。 (　　)

□ **09** 夜空に星がマタタいている。 (　　)

□ **10** 海辺できれいなカイガラを拾う。(　　)

合格点	得点
8/10	/10

でる度 ★★★ ★★ ★

解答		解説
01	(建立)	寺院や堂・塔などを建てること。
02	(会釈)	軽くあいさつや礼を交わすこと。また、その所作。
03	(遊説)	政治家などが各地を自分の主張を説いて回ること。
04	(裁縫)	布を裁ち切って衣服などにぬい上げること。
05	(衝突)	物と物とが激しくぶつかること。
06	(婿)	娘の夫。
07	(墨)	お墨《すみ》付《つ》き＝権威者からもらった保証。
08	(諭)	諭す＝わかりやすく言い聞かせて教え導く。
09	(瞬)	瞬く＝光がちらちらする。
10	(貝殻)	貝の身を包むかたいから。

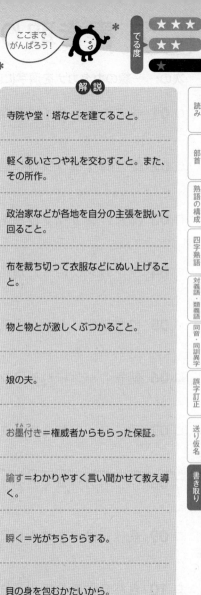

でる度★★★

書き取り②

次の——線のカタカナを漢字に直せ。

□ **01** 味方の**カンタイ**に指令を出す。（　　）

□ **02** 慢性的な**ヨウツウ**に悩まされる。（　　）

□ **03** 偉人の**ショウゾウ**画を見る。（　　）

□ **04** **ワンガン**に沿った道路を走る。（　　）

□ **05** **ロウヒ**癖はなかなか直らない。（　　）

□ **06** 朝食のパンに**ハチミツ**を塗る。（　　）

□ **07** 酒に**ヨ**って転んでしまった。（　　）

□ **08** いつも**カシコ**く立ちまわる人だ。（　　）

□ **09** 最近記憶力が**オトロ**えてきた。（　　）

□ **10** 自然の猛威を**マ**の当たりにする。（　　）

合格点	得点
8/10	/10

でる度 ★

解答	解説
01（ 艦隊 ）	軍の船２隻以上で編成された海軍の部隊。
02（ 腰痛 ）	こしに感じる痛み。
03（ 肖像 ）	その人の顔や姿を絵・彫刻・写真などにうつした像。
04（ 湾岸 ）	入り江に沿った陸地。
05（ 浪費 ）	むだ遣い。
06（ 蜂蜜 ）	ミツバチが花から集めてきて巣に蓄えたみつ。
07（ 酔 ）	酔う＝酒を飲み、心身がふだんと異なってくる。
08（ 賢 ）	賢い＝抜け目がない。
09（ 衰 ）	衰える＝勢いや力などが弱くなる。
10（ 目 ）	目《ま》の当《あ》たり＝目の前。直接。じかに。 他例 目深《まぶか》

でる度 ★★★

書き取り ③

次の――線のカタカナを漢字に直せ。

□ **01** ザンテイながら単独首位に立つ。（　　）

□ **02** 改革案に議論はフンキュウした。（　　）

□ **03** 現状をハアクして対策を練る。（　　）

□ **04** 会社を退職した父をイロウする。（　　）

□ **05** 役員になることをカイダクする。（　　）

□ **06** 冷たい岩清水がシタタり落ちる。（　　）

□ **07** 隣のムネの客室に宿泊する。（　　）

□ **08** 雨が上着にシみる。（　　）

□ **09** 暑さで庭の草花がナえた。（　　）

□ **10** 子犬がボールにタワムれている。（　　）

合格点 8/10　得点 /10

でる度 ★★★ ★★ ★

解答		解説
01	（ 暫定 ）	しばらくの間だけ仮に定めること。
02	（ 紛糾 ）	意見や主張などが対立してもつれること。ごたごた。
03	（ 把握 ）	正確に理解すること。
04	（ 慰労 ）	苦労をねぎらうこと。
05	（ 快諾 ）	気持ちよく承知すること。
06	（ 滴 ）	滴る＝液状のものが、しずくとなって垂れ落ちる。
07	（ 棟 ）	家屋の建物。 他例 棟《むね》上《あ》げ
08	（ 染 ）	液体やにおいが物の中に入る。
09	（ 萎 ）	萎える＝植物などがしおれる。しなびる。
10	（ 戯 ）	戯れる＝遊び興じる。

でる度 ★★★

書き取り④

次の――線のカタカナを漢字に直せ。

□ **01** 狭い道ではジョコウ運転する。（　　　）

□ **02** 契約社員のタイグウを見直す。（　　　）

□ **03** 大きな声がコマクを震わせた。（　　　）

□ **04** 当案件はシンギ会に諮るべきだ。（　　　）

□ **05** キッサ店でコーヒーを飲む。（　　　）

□ **06** あまりにもオロかな質問だ。（　　　）

□ **07** 土砂にウもれた道路。（　　　）

□ **08** モチュウにつき、ご遠慮します。（　　　）

□ **09** 地震でカワラ屋根が崩れた。（　　　）

□ **10** 古新聞をひもできつくシバる。（　　　）

合格点	得点
8/10	/10

でる度 ★★★ ★★ ★

解答	解説
01（ 徐行 ）	乗り物などがゆっくり進むこと。
02（ 待遇 ）	職場での地位や給料など、勤務者に対する取り扱い。
03（ 鼓膜 ）	外耳と中耳との境にあるほぼ円形の薄いまく。
04（ 審議 ）	物事を詳しく調べ、その可否を討議すること。
05（ 喫茶 ）	喫茶店《きっさてん》＝コーヒー・紅茶などの飲み物や菓子、軽食などを出す飲食店。
06（ 愚 ）	愚か＝考えが足りないさま。頭の回転が遅いさま。
07（ 埋 ）	埋もれる＝すっかりおおわれて見えなくなる。
08（ 喪中 ）	近親者が亡くなった際にその死を悼み、身を慎んでいる期間。 他例 喪主《もしゅ》
09（ 瓦 ）	粘土を一定の形に作り、窯で焼いたもの。屋根をふくのに用いる。
10（ 縛 ）	縛る＝なわ・ひもなどでくくる。結わえる。

でる度 ★★★

書き取り⑤

次の——線のカタカナを漢字に直せ。

□ **01** 子供のやる気をカンキする。（　　）

□ **02** 今日は暑くてシツドも高い。（　　）

□ **03** クドクを積んで悟りを得る。（　　）

□ **04** ゴウの者とたたえられた武将。（　　）

□ **05** 当初の予算からサクゲンする。（　　）

□ **06** 壁のひびから水がモれてくる。（　　）

□ **07** 一階級上の王者にイドんだ。（　　）

□ **08** 大声で歌ってウさを晴らす。（　　）

□ **09** 年の離れた姉をシタう。（　　）

□ **10** 他の仕事に時間をサく。（　　）

合格点	得点
8/10	/10

でる度 ★★★ ★★ ★

	解答	解説
01	（ 喚起 ）	意識されていないことや行動などを呼び起こすこと。
02	（ 湿度 ）	空気中に含まれている水蒸気の割合。
03	（ 功徳 ）	神仏からめぐみを与えられるような善行。
04	（ 剛／強 ）	剛《ごう》の者《もの》＝ずばぬけて強い人。つわもの。
05	（ 削減 ）	けずってへらすこと。
06	（ 漏 ）	漏れる＝すきまからこぼれ出る。
07	（ 挑 ）	挑む＝積極的に難関に立ち向かう。
08	（ 憂 ）	憂さ＝気持ちが晴れないこと。 他例 憂《う》き目《め》
09	（ 慕 ）	慕う＝恋しく思う。
10	（ 割 ）	割く＝予定しているものの一部を、都合して他の用に充てる。

でる度 ★★★

書き取り⑥

次の――線のカタカナを漢字に直せ。

□ **01** ロウニャク男女を問わない。　（　　　）

□ **02** 情報がコウサクして混乱する。　（　　　）

□ **03** 身体のジュウナン性を高める。　（　　　）

□ **04** 雑誌取材の諾否をダシンする。　（　　　）

□ **05** 全国セイハの偉業を成し遂げた。（　　　）

□ **06** ヨイゴしの金は持たない。　（　　　）

□ **07** ついにアワれな最期を迎えた。　（　　　）

□ **08** カメの甲より年の功。　（　　　）

□ **09** 計画のワクグみを発表する。　（　　　）

□ **10** 議論はヨフけまで続いた。　（　　　）

合格点 8/10 得点 /10

でる度 ★★★ ★★ ★

	解答	解説
01	(老若)	老若男女《ろうにゃくなんにょ》＝老人も若者も、男も女も含む、あらゆる人々。
02	(交錯)	いくつかのものが複雑に入り混じること。
03	(柔軟)	やわらかくしなやかなさま。 他例 軟禁《なんきん》
04	(打診)	相手にそれとなく当たって反応を確かめること。 他例 検診《けんしん》
05	(制覇)	相手に勝って権力をにぎること。 他例 覇《は》気《き》
06	(宵越)	宵《よい》越《ご》しの金《かね》は持《も》たない＝江戸っ子の気前のよさをあらわす言葉。
07	(哀)	哀れ＝かわいそうなさま。みじめなさま。
08	(亀)	亀《かめ》の甲《こう》より年《とし》の功《こう》＝長年の経験が貴重であるということ。
09	(枠組)	枠組み＝案・計画などのだいたいの組み立て。 他例 窓枠《まどわく》
10	(夜更)	夜更け＝夜がふけた時。深夜。

でる度 ★★★

書き取り 7

次の——線のカタカナを漢字に直せ。

□ **01** 野菜のシュビョウを開発する。（　　）

□ **02** 住職におフセを包んで渡す。（　　）

□ **03** キョウケンを誇る外野陣。（　　）

□ **04** 河川やコショウに生息する虫。（　　）

□ **05** 庭で薬草をサイバイする。（　　）

□ **06** 腐敗した業界の現状をアバく。（　　）

□ **07** 故郷へニシキを飾る。（　　）

□ **08** バルコニーをほうきでハく。（　　）

□ **09** キラいな食べ物に挑戦する。（　　）

□ **10** 好打者から次々と三振をウバう。（　　）

合格点	得点
8/10	/10

でる度 ★★★ ★★ ★

解答		解説
01	（ 種苗 ）	たねとなえ。また、水産物の卵や稚魚などのこと。
02	（ 布施 ）	法事などのお礼として、僧に金品を与えること。また、その金品。 他例 施工《せこう》
03	（ 強肩 ）	野球で、ボールを遠くまで速く正確に投げる力があること。 他例 双肩《そうけん》
04	（ 湖沼 ）	みずうみとぬま。
05	（ 栽培 ）	植物を植えて育てること。 他例 盆栽《ぼんさい》
06	（ 暴 ）	暴く＝他人の秘密などを公表する。
07	（ 錦 ）	故郷《こきょう》へ錦《にしき》を飾《かざ》る＝故郷を離れていた者が、出世して故郷に帰ること。
08	（ 掃 ）	掃く＝ほうきでちりやごみをはらい除く。
09	（ 嫌 ）	嫌い＝好きでないこと。いやだと思うこと。 他例 嫌《いや》がる
10	（ 奪 ）	奪う＝争って獲得する。

でる度 ★★★

書き取り 8

次の――線のカタカナを漢字に直せ。

□ 01 過去の事件にコクジしている。（　　）

□ 02 法要の席でドキョウを聞く。（　　）

□ 03 危険運転をボクメツする。（　　）

□ 04 賃金交渉がダケツした。（　　）

□ 05 係員がジョウチュウしている。（　　）

□ 06 肩のコらない話をして和ませる。（　　）

□ 07 見当違いもハナハだしい。（　　）

□ 08 逃げた犬をアワてて追いかける。（　　）

□ 09 年賀状のために芋版をホる。（　　）

□ 10 フクロに入るだけ詰め込む。（　　）

合格点 8/10　得点 /10

でる度 ★★★ ★★ ★

解答	解説
01 (酷似)	区別できないほどよく似ていること。 他例 酷使《こくし》・酷評《こくひょう》
02 (読経)	声を出して経文をよむこと。
03 (撲滅)	完全にうちほろぼすこと。 他例 打撲《だぼく》
04 (妥結)	対立する両者が互いに譲ったり掛け合ったりして、約束をまとめること。 他例 妥当《だとう》
05 (常駐)	派遣された所にいつもとどまっていること。
06 (凝)	肩《かた》の凝《こ》らない＝気楽でくつろげる。
07 (甚)	甚だしい＝程度が激しい。過度である。
08 (慌)	慌てる＝落ち着きを失う。
09 (彫)	彫る＝木や石・金属などを刻んで、いろいろの形をつくる。
10 (袋)	布や紙などで作って、中に物を入れるようにしたもの。

でる度 ★★★

書き取り 9

次の――線のカタカナを漢字に直せ。

□ **01** 給食のコンダテ表を壁に貼る。（　　）

□ **02** 彼は法にテイショクした。（　　）

□ **03** 買収のコウショウがまとまる。（　　）

□ **04** 家族のためにケンメイに働く。（　　）

□ **05** 心がボンノウで乱れる。（　　）

□ **06** ブルーベリーのナエギを植える。（　　）

□ **07** 国をスべる野心を持つ。（　　）

□ **08** ノリトをあげて玉串を供える。（　　）

□ **09** 春になるとヒガタで貝をとる。（　　）

□ **10** ユエあって辞退いたします。（　　）

合格点	得点
8/10	/10

でる度 ★★★ ★★ ★

解答	解説
01（ 献立 ）	料理の種類・組み合わせ。メニュー。 他例 献金《けんきん》
02（ 抵触 ）	ある行為が法律や規則に反すること。
03（ 交渉 ）	問題解決のために掛け合うこと。 他例 渉外《しょうがい》
04（ 懸命 ）	命がけで力を尽くすこと。 他例 懸案《けんあん》・懸念《けねん》
05（ 煩悩 ）	身心をなやませ苦しめ、わずらわせ、けがす精神作用。
06（ 苗木 ）	移植するための若くて小さな木。
07（ 統 ）	統べる＝支配する。統治する。
08（ 祝詞 ）	神主が神前で唱える古い文体の言葉。
09（ 干潟 ）	遠浅の海岸などで潮が引いて現れた所。
10（ 故 ）	理由。わけ。事情。

でる度 ★★★

書き取り⑩

次の――線のカタカナを漢字に直せ。

□ **01** 自分のリレキを書いて送付する。(　　)

□ **02** 発表前にフクアンを練る。(　　)

□ **03** 優勝してホウビをいただく。(　　)

□ **04** 人生のハンリョを得る。(　　)

□ **05** 急いでゲドクする必要がある。(　　)

□ **06** 二の句がツげない。(　　)

□ **07** クチビルが乾燥してひび割れた。(　　)

□ **08** オオせの通りだと存じます。(　　)

□ **09** 祝いの席でコトブキを述べる。(　　)

□ **10** 学校一のモサに助けを請う。(　　)

合格点	得点
8/10	/10

でる度 ★★★ ★★ ★

	解答	解説
01	（ 履歴 ）	現在までの学業・仕事の経歴。 他例 履修《りしゅう》・草履《ぞうり》
02	（ 腹案 ）	前もって心の中で考えておくこと。また、その案や考え。
03	（ 褒美 ）	ほめて与える金品。
04	（ 伴侶 ）	一緒に連れ立って行く者。つれ。なかま。また、配偶者。
05	（ 解毒 ）	体内に入った毒を消すこと。 他例 解《げ》せない・解熱《げねつ》
06	（ 継 ）	二《に》の句《く》が継《つ》げない＝あきれたりおどろいたりして、言葉がつづかないこと。
07	（ 唇 ）	口の上下のふちの柔らかい部分。
08	（ 仰 ）	仰せ＝お言葉。
09	（ 寿 ）	祝いの言葉。
10	（ 猛者 ）	強くて勇ましい人。つわもの。

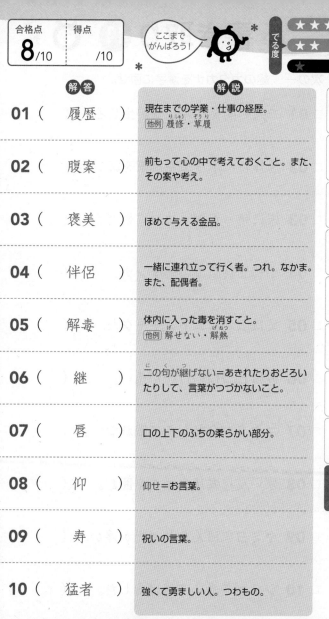

でる度
★★★

書き取り⑪

次の――線のカタカナを漢字に直せ。

□ **01** 二人の関係にキレツが生じる。（　　）

□ **02** 農作物にボウエキ対策を講じる。（　　）

□ **03** 床に残ったケッコンに気づく。（　　）

□ **04** 小粋な呉服屋の若ダンナ。（　　）

□ **05** 父は服装にムトンチャクだ。（　　）

□ **06** 彼はヒゴロの行いが悪い。（　　）

□ **07** マクラが合わなくて眠れない。（　　）

□ **08** 寒い夜に友達とナベを囲む。（　　）

□ **09** ヤミヨにぼんやりと光が浮かぶ。（　　）

□ **10** シッポを巻いて逃げ出した。（　　）

合格点	得点
8/10	/10

でる度 ★★★ ★★ ★

解答 / 解説

01（ 亀裂 ）
ひびが入ること。

02（ 防疫 ）
感染症の発生・流行を予防すること。

03（ 血痕 ）
血のついた跡。
他例 痕跡《こんせき》

04（ 旦那 ）
若旦那＝商家などの主人を大だんなと呼ぶのに対して、その長子を呼ぶ敬称。
他例 元旦《がんたん》

05（ 無頓着 ）
物事などを気にかけないこと。
他例 整頓《せいとん》・頓挫《とんざ》

06（ 日頃 ）
ふだん。
他例 頃《ころ》合《あ》い

07（ 枕 ）
寝るときに頭をのせて支えるもの。
他例 膝枕《ひざまくら》・枕元《まくらもと》

08（ 鍋 ）
食べ物を煮炊きする器。また、それで煮ながら食べる料理。
他例 鍋釜《なべかま》

09（ 闇夜 ）
月の出ていない暗い夜。
他例 暗闇《くらやみ》・夕闇《ゆうやみ》

10（ 尻尾 ）
尻尾《しっぽ》を巻《ま》く＝かなわないと知って降参する。
他例 尻拭《しりぬぐ》い・目尻《めじり》

でる度 ★★★

書き取り⑫

次の——線のカタカナを漢字に直せ。

□ **01** どうにか資金をネンシュツする。（　　　）

□ **02** 大きなヘンボウを遂げた都市。（　　　）

□ **03** アイマイな返答に腹を立てる。（　　　）

□ **04** 大きな声でアイサツをする。（　　　）

□ **05** 書類のヒッス項目を埋める。（　　　）

□ **06** ハンソデのシャツを着る。（　　　）

□ **07** 彼の話はマユツバモノだ。（　　　）

□ **08** 能あるタカはツメを隠す。（　　　）

□ **09** 事件のカギを握る女性を捜す。（　　　）

□ **10** 弓道場ではタビを着用する。（　　　）

合格点	得点
8/10	/10

でる度 ★★★ ★★ ★

	解答	解説
01	(捻出)	やりくりして金銭などをそろえること。 他例 捻挫《ねんざ》
02	(変貌)	姿や様子がすっかり変わること。 他例 全貌《ぜんぼう》
03	(曖昧)	はっきりしないであやふやなこと。 他例 三昧《ざんまい》
04	(挨拶)	人と会ったときなどにかわす社交的な言葉や動作。
05	(必須)	必ずなくてはならないこと。
06	(半袖)	ひじまでの長さのそで。 他例 振《ふ》り袖《そで》
07	(眉唾物)	真偽の疑わしいもの。
08	(爪)	能《のう》あるタカは爪《つめ》を隠《かく》す＝本当に実力のある人は、それをやたらにひけらかさない。 他例 爪先《つまさき》
09	(鍵)	物事の解決に役立つ大切な事柄。 他例 鍵穴《かぎあな》
10	(足袋)	主として和装のときに、足に履くふくろ状の履き物。

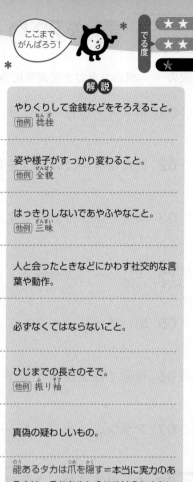

でる度 ★★★

書き取り⑬

次の――線のカタカナを漢字に直せ。

□ **01** オンネンが宿っている人形。（　　）

□ **02** 代表選考会はカレツを極めた。（　　）

□ **03** 病院でキュウカンを受け入れる。（　　）

□ **04** 不作によりキガに苦しんだ。（　　）

□ **05** 幼い頃は父をイフしていた。（　　）

□ **06** 積雪でハシゲタが落下した。（　　）

□ **07** アラシのような一日だった。（　　）

□ **08** イシウスを使ってそば粉をひく。（　　）

□ **09** 自分のことをオレと呼ぶ。（　　）

□ **10** 選挙戦のヒブタが切られた。（　　）

合格点	得点
8/10	/10

でる度 ★

	解答	解説
01	（ 怨念 ）	深いうらみ。 他例 怨恨《えんこん》
02	（ 苛烈 ）	きびしく激しいさま。
03	（ 急患 ）	急病。急病人。
04	（ 飢餓 ）	食べ物がなくてうえること。うえ。
05	（ 畏怖 ）	おそれおののくこと。
06	（ 橋桁 ）	橋脚の上に架け渡して橋を支える部分。 他例 桁違《けたちが》い
07	（ 嵐 ）	激しいもめごとなどのたとえ。
08	（ 石臼 ）	石でつくったうす。
09	（ 俺 ）	主に男性が同輩や目下の者の前で使う自称。
10	（ 火蓋 ）	火蓋《ひぶた》を切《き》る＝戦いや試合などを始める。

2級 配当漢字表

見出し	漢字	読み	部首	部首名
◀ア	挨	アイ	扌	てへん
	曖	アイ	日	ひへん
	宛	あてる	宀	うかんむり
	嵐	あらし	山	やま
◀イ	畏	イ おそれる	田	た
	萎	イ なえる	艹	くさかんむり
	椅	イ	木	きへん
	彙	イ	彑	けいがしら
	咽	イン	口	くちへん
	淫（淫）	イン みだら	氵	さんずい
◀ウ	唄	うた	口	くちへん
	鬱	ウツ	鬯	ちょう
◀エ	怨	エン オン	心	こころ
	艶	エン つや	色	いろ
◀オ	旺	オウ	日	ひへん
	臆	オク	月	にくづき
	俺	おれ	亻	にんべん
◀カ	苛	カ	艹	くさかんむり
	牙（牙）	ガ ゲ きば	牙	きば
	瓦	ガ かわら	瓦	かわら
	楷	カイ	木	きへん
	潰	カイ つぶす つぶれる	氵	さんずい

▼2級の配当漢字185字を並べました。その後に参考として準2級の配当漢字328字を並べています。

▼（ ）内は2級の配当漢字の中で、許容字体として定められたものを記しています。

▼音読みはカタカナ、訓読みはひらがな、送り仮名は細字で示しています。

【配当漢字表の見方】

- ◀ア ◀五十音見出し
- 挨 ◀漢字
- アイ ◀読み
- 扌 ◀部首
- てへん ▲部首名

	漢字	読み	部首	部首名
	諧	カイ	言	ごんべん
	崖	ガイ がけ	山	やま
	蓋	ガイ ふた	艹	くさかんむり
	骸	ガイ	骨	ほねへん
	柿	かき	木	きへん
	顎	ガク あご	頁	おおがい
	(葛) 葛	カツ くず	艹	くさかんむり
	釜	かま	金	かね
	鎌	かま	金	かねへん

	漢字	読み	部首	部首名
	韓	カン	韋	なめしがわ
	玩	ガン	王	おうへん たまへん
◀キ	伎	キ	亻	にんべん
	亀	キ かめ	亀	かめ
	毀	キ	殳	るまた ほこづくり
	畿	キ	田	た
	臼	キュウ うす	臼	うす
	(嗅) 嗅	キュウ かぐ	口	くちへん
	巾	キン	巾	はば

	漢字	読み	部首	部首名
	(僅) 僅	キン わずか	亻	にんべん
	錦	キン にしき	金	かねへん
◀ク	(惧) 惧	グ	忄	りっしんべん
	串	くし	丨	ぼう たてぼう
	窟	クツ	穴	あなかんむり
◀ケ	詣	ケイ もうでる	言	ごんべん
	憬	ケイ	忄	りっしんべん

	漢字	読み	部首	部首名
	(稽) 稽	ケイ	禾	のぎへん
	隙	ゲキ すき	阝	こざとへん
	桁	けた	木	きへん
	拳	ケン こぶし	手	て
	鍵	ケン かぎ	金	かねへん
	舷	ゲン	舟	ふねへん
◀コ	股	コ また	月	にくづき
	虎	コ とら	虍	とらがしら とらかんむり
	錮	コ	金	かねへん

	漢字	読み	部首	部首名
	勾	コウ	勹	つつみがまえ
	梗	コウ	木	きへん
	喉	コウ のど	口	くちへん
	乞	こう	乙	おつ
	傲	ゴウ	亻	にんべん
	駒	こま	馬	うまへん
	頃	ころ	頁	おおがい
	痕	コン あと	疒	やまいだれ
◀サ	沙	サ	氵	さんずい
	挫	ザ	扌	てへん

見出し	漢字	読み	部首	部首名
	采	サイ	采	のごめ
	塞	サイ ソク ふさぐ ふさがる	土	つち
	柵	サク	木	きへん
	刹	サツ セツ	刂	りっとう
	拶	サツ	扌	てへん
	斬	ザン きる	斤	おのづくり
◀シ	恣	シ	心	こころ
	摯	シ	手	て
	餌（餌）	ジ えさ え	飠	しょくへん

見出し	漢字	読み	部首	部首名
	叱	シツ しかる	口	くちへん
	嫉	シツ	女	おんなへん
	腫	シュ はれる はらす	月	にくづき
	呪	ジュ のろう	口	くちへん
	袖	シュウ そで	衤	ころもへん
	羞	シュウ	羊	ひつじ
	蹴	シュウ ける	𧾷	あしへん
	憧	ショウ あこがれる	忄	りっしんべん
	拭	ショク ふく ぬぐう	扌	てへん
	尻	しり	尸	かばね しかばね

見出し	漢字	読み	部首	部首名
	芯	シン	艹	くさかんむり
	腎	ジン	肉	にく
◀ス	須	ス	頁	おおがい
	裾	すそ	衤	ころもへん
◀セ	凄	セイ	冫	にすい
	醒	セイ	酉	とりへん
	脊	セキ	肉	にく
	戚	セキ	戈	ほこづくり ほこがまえ
	煎（煎）	セン いる	灬	れんが れっか

見出し	漢字	読み	部首	部首名
	羨	セン うらやむ うらやましい	羊	ひつじ
	腺	セン	月	にくづき
	詮（詮）	セン	言	ごんべん
	箋（箋）	セン	⺮	たけかんむり
	膳	ゼン	月	にくづき
◀ソ	狙	ソ ねらう	犭	けものへん
	遡（遡）	ソ さかのぼる	辶	しんにょう しんにゅう

見出し	漢字	読み	部首	部首名
	曽	ソウ ゾ	曰	ひらび いわく
	爽	ソウ さわやか	大	だい
	痩	ソウ やせる	疒	やまいだれ
	踪	ソウ	𧾷	あしへん
	捉	ソク とらえる	扌	てへん
	遜（遜）	ソン	辶	しんにょう しんにゅう
◀タ	汰	タ	氵	さんずい
	唾	ダ つば	口	くちへん
	堆	タイ	土	つちへん

戴	タイ	戈	ほこづくり ほこがまえ
誰	だれ	言	ごんべん
旦	タン ダン	日	ひ
綻	タン ほころびる	糸	いとへん

◀チ

緻	チ	糸	いとへん
酎	チュウ	酉	とりへん
貼	チョウ はる	貝	かいへん
嘲（嘲）	チョウ あざける	口	くちへん

捗（捗）	チョク	扌	てへん

◀ツ

椎	ツイ	木	きへん
爪	つめ つま	爪	つめ
鶴	つる	鳥	とり

◀テ

諦	テイ あきらめる	言	ごんべん
溺（溺）	デキ おぼれる	氵	さんずい
塡（填）	テン	土	つちへん

◀ト

妬	ト ねたむ	女	おんなへん
賭（賭）	ト かける	貝	かいへん
藤	トウ ふじ	艹	くさかんむり
瞳	ドウ ひとみ	目	めへん
頓	トン	頁	おおがい
貪	ドン むさぼる	貝	かい こがい
丼	どんぶり どん	丶	てん

◀ナ

那	ナ	阝	おおざと
謎（謎）	なぞ	言	ごんべん
鍋	なべ	金	かねへん

◀ニ

匂	におう	勹	つつみがまえ
虹	にじ	虫	むしへん

◀ネ

捻	ネン	扌	てへん

◀ハ

罵	バ ののしる	罒	あみがしら あみめ よこめ
剝（剥）	ハク はがす はぐ はがれる はげる	刂	りっとう
箸（箸）	はし	⺮	たけかんむり
氾	ハン	氵	さんずい
汎	ハン	氵	さんずい
斑	ハン	文	ぶん

◀ヒ

眉	ビ ミ まゆ	目	め
膝	ひざ	月	にくづき
肘	ひじ	月	にくづき

◀フ

訃	フ	言	ごんべん

見出し	漢字	読み	部首	部首名
ヘ	蔽（蔽）	ヘイ	艹	くさかんむり
	餅（餅）	ヘイ もち	飠	しょくへん
	璧	ヘキ	玉	たま
ホ	蔑	ベツ さげすむ	艹	くさかんむり
	哺	ホ	口	くちへん
	蜂	ホウ はち	虫	むしへん
	貌	ボウ	豸	むじなへん
	頰（頬）	ほお	頁	おおがい
	睦	ボク	目	めへん
	勃	ボツ	力	ちから
マ	昧	マイ	日	ひへん
	枕	まくら	木	きへん
ミ	蜜	ミツ	虫	むし
メ	冥	メイ ミョウ	冖	わかんむり
	麺	メン	麦	ばくにょう
ヤ	冶	ヤ	冫	にすい
	弥	や	弓	ゆみへん
	闇	やみ	門	もんがまえ
ユ	喩（喩）	ユ	口	くちへん
	湧	ユウ わく	氵	さんずい
ヨ	妖	ヨウ あやしい	女	おんなへん
	瘍	ヨウ	疒	やまいだれ
	沃	ヨク	氵	さんずい
ラ	拉	ラ	扌	てへん
	辣	ラツ	辛	からい
	藍	ラン あい	艹	くさかんむり
リ	璃	リ	王	おうへん たまへん
	慄	リツ	忄	りっしんべん
	侶	リョ	亻	にんべん
	瞭	リョウ	目	めへん
ル	瑠	ル	王	おうへん たまへん
ロ	呂	ロ	口	くち
	賂	ロ	貝	かいへん
	弄	ロウ もてあそぶ	廾	こまぬき にじゅうあし
	籠	ロウ かご こもる	竹	たけかんむり
	麓	ロク ふもと	木	き
ワ	脇	わき	月	にくづき

2級　配当漢字許容字体一覧

▼2級の配当漢字の中で、許容字体がある漢字を一覧にしました。
▼許容字体は、（　）に入れて示しています。

淫（淫）　牙（牙）　葛（葛）　嗅（嗅）　僅（僅）

惧（惧）　稽（稽）　餌（餌）　煎（煎）　詮（詮）

箋（箋）　遡（遡）　遜（遜）　嘲（嘲）　捗（捗）

溺（溺）　塡（填）　賭（賭）　謎（謎）　剝（剥）

箸（箸）　蔽（蔽）　餅（餅）　頰（頬）　喩（喻）

準2級　配当漢字表

見出し	漢字	読み	部首	部首名
ア	亜	ア	二	に
イ	尉	イ	寸	すん
	逸	イツ	辶	しんにょう しんにゅう
	姻	イン	女	おんなへん
	韻	イン	音	おと
ウ	畝	うね	田	た
	浦	うら	氵	さんずい
エ	疫	エキ ヤク	疒	やまいだれ
	謁	エツ	言	ごんべん
	猿	エン さる	犭	けものへん
オ	凹	オウ	凵	うけばこ
	翁	オウ	羽	はね
	虞	おそれ	虍	とらがしら とらかんむり
カ	渦	カ うず	氵	さんずい
	禍	カ	礻	しめすへん
	靴	カ くつ	革	かわへん
	寡	カ	宀	うかんむり
	稼	カ かせぐ	禾	のぎへん
	蚊	か	虫	むしへん
	拐	カイ	扌	てへん
	懐	カイ ふところ なつかしい なつかしむ なつく なつける	忄	りっしんべん
	劾	ガイ	力	ちから
	涯	ガイ	氵	さんずい
	垣	かき	土	つちへん
	核	カク	木	きへん
	殻	カク から	殳	るまた ほこづくり
	嚇	カク	口	くちへん
	括	カツ	扌	てへん
	喝	カツ	口	くちへん
	渇	カツ かわく	氵	さんずい
	褐	カツ	衤	ころもへん
	轄	カツ	車	くるまへん
	且	かつ	一	いち
	缶	カン	缶	ほとぎ
	陥	カン おちいる おとしいれる	阝	こざとへん
	患	カン わずらう	心	こころ
	堪	カン たえる	土	つちへん
	棺	カン	木	きへん
	款	カン	欠	あくび かける
	閑	カン	門	もんがまえ

					◀キ				
寛	憾	還	艦	頑	飢	宜	偽	擬	糾
カン	カン	カン	カン	ガン	キ うえる	ギ	ギ いつわる にせ	ギ	キュウ
宀 うかんむり	忄 りっしんべん	⻌ しんにょう しんにゅう	舟 ふねへん	頁 おおがい	食 しょくへん	宀 うかんむり	亻 にんべん	扌 てへん	糸 いとへん

窮	拒	享	挟	恭	矯	暁	菌	琴	謹
キュウ きわめる きわまる	キョ こばむ	キョウ	キョウ はさむ はさまる	キョウ うやうやしい	キョウ ためる	ギョウ あかつき	キン	キン こと	キン つつしむ
穴 あなかんむり	扌 てへん	亠 なべぶた けいさんかんむり	扌 てへん	㣺 したごころ	矢 やへん	日 ひへん	艹 くさかんむり	王 おう	言 ごんべん

		◀ク			◀ケ				
襟	吟	隅	勲	薫	茎	渓	蛍	慶	傑
キン えり	ギン	グウ すみ	クン	クン かおる	ケイ くき	ケイ	ケイ ほたる	ケイ	ケツ
衤 ころもへん	口 くちへん	阝 こざとへん	力 ちから	艹 くさかんむり	艹 くさかんむり	氵 さんずい	虫 むし	心 こころ	亻 にんべん

							◀コ		
嫌	献	謙	繭	顕	懸	弦	呉	碁	江
ケン ゲン きらう いや	ケン コン	ケン	ケン まゆ	ケン	ケン ケ かける かかる	ゲン つる	ゴ	ゴ	コウ え
女 おんなへん	犬 いぬ	言 ごんべん	糸 いと	頁 おおがい	心 こころ	弓 ゆみへん	口 くち	石 いし	氵 さんずい

肯	侯	洪	貢	溝	衡	購	拷	剛	酷
コウ	コウ	コウ	コウ ク みつぐ	コウ みぞ	コウ	コウ	ゴウ	ゴウ	コク
肉 にく	亻 にんべん	氵 さんずい	貝 かい こがい	氵 さんずい	行 ぎょうがまえ ゆきがまえ	貝 かいへん	扌 てへん	刂 りっとう	酉 とりへん

漢字	読み	部首	部首名
昆	コン	日	ひ
懇	コン ねんごろ	心	こころ
◀サ			
唆	サ そそのかす	口	くちへん
詐	サ	言	ごんべん
砕	サイ くだく くだける	石	いしへん
宰	サイ	宀	うかんむり
栽	サイ	木	き
斎	サイ	斉	せい
索	サク	糸	いと
酢	サク す	酉	とりへん
桟	サン	木	きへん
傘	サン かさ	人	ひとやね
◀シ			
肢	シ	月	にくづき
嗣	シ	口	くち
賜	シ たまわる	貝	かいへん
璽	ジ	玉	たま
漆	シツ うるし	氵	さんずい
遮	シャ さえぎる	辶	しんにょう しんにゅう
蛇	ジャ ダ へび	虫	むしへん
酌	シャク くむ	酉	とりへん
爵	シャク	爫	つめかんむり つめがしら
珠	シュ	王	おうへん たまへん
儒	ジュ	亻	にんべん
囚	シュウ	囗	くにがまえ
臭	シュウ くさい におう	自	みずから
愁	シュウ うれえる うれい	心	こころ
酬	シュウ	酉	とりへん
醜	シュウ みにくい	酉	とりへん
汁	ジュウ しる	氵	さんずい
充	ジュウ あてる	儿	ひとあし にんにょう
渋	ジュウ しぶ しぶい しぶる	氵	さんずい
銃	ジュウ	金	かねへん
叔	シュク	又	また
淑	シュク	氵	さんずい
粛	シュク	聿	ふでづくり
塾	ジュク	土	つち
俊	シュン	亻	にんべん
准	ジュン	冫	にすい
殉	ジュン	歹	かばねへん いちたへん がつへん
循	ジュン	彳	ぎょうにんべん
庶	ショ	广	まだれ
緒	ショ チョ お	糸	いとへん
叙	ジョ	又	また
升	ショウ ます	十	じゅう
抄	ショウ	扌	てへん
肖	ショウ	肉	にく
尚	ショウ	⺌	しょう
宵	ショウ よい	宀	うかんむり
症	ショウ	疒	やまいだれ
祥	ショウ	礻	しめすへん

渉	ショウ	氵	さんずい
訟	ショウ	言	ごんべん
硝	ショウ	石	いしへん
粧	ショウ	米	こめへん
詔	ショウ みことのり	言	ごんべん
奨	ショウ	大	だい
彰	ショウ	彡	さんづくり
償	ショウ つぐなう	亻	にんべん
礁	ショウ	石	いしへん
浄	ジョウ	氵	さんずい

剰	ジョウ	刂	りっとう
壌	ジョウ	土	つちへん
醸	ジョウ かもす	酉	とりへん
津	シン つ	氵	さんずい
唇	シン くちびる	口	くち
娠	シン	女	おんなへん
紳	シン	糸	いとへん
診	シン みる	言	ごんべん
刃	ジン は	刀	かたな
迅	ジン	辶	しんにょう しんにゅう

甚	ジン はなはだ はなはだしい	甘	かん あまい

◀ス

帥	スイ	巾	はば
睡	スイ	目	めへん
枢	スウ	木	きへん
崇	スウ	山	やま
据	すえる すわる	扌	てへん
杉	すぎ	木	きへん

◀セ

斉	セイ	斉	せい
逝	セイ ゆく いく	辶	しんにょう しんにゅう
誓	セイ ちかう	言	げん

析	セキ	木	きへん
拙	セツ つたない	扌	てへん
窃	セツ	穴	あなかんむり
仙	セン	亻	にんべん
栓	セン	木	きへん
旋	セン	方	ほうへん かたへん
践	セン	𧾷	あしへん
遷	セン	辶	しんにょう しんにゅう
薦	セン すすめる	艹	くさかんむり
繊	セン	糸	いとへん

禅	ゼン	礻	しめすへん
漸	ゼン	氵	さんずい

◀ソ

租	ソ	禾	のぎへん
疎	ソ うとい うとむ	𤴔	ひきへん
塑	ソ	土	つち
壮	ソウ	士	さむらい
荘	ソウ	艹	くさかんむり
捜	ソウ さがす	扌	てへん
挿	ソウ さす	扌	てへん
曹	ソウ	日	ひらび いわく

漢字	読み	部首	部首名
喪	ソウ も	口	くち
槽	ソウ	木	きへん
霜	ソウ しも	雨	あめかんむり
藻	ソウ も	艹	くさかんむり

◀タ

漢字	読み	部首	部首名
妥	ダ	女	おんな
堕	ダ	土	つち
惰	ダ	忄	りっしんべん
駄	ダ	馬	うまへん
泰	タイ	氺	したみず
濯	タク	氵	さんずい
但	ただし	亻	にんべん
棚	たな	木	きへん

◀チ

漢字	読み	部首	部首名
痴	チ	疒	やまいだれ
逐	チク	辶	しんにょう しんにゅう
秩	チツ	禾	のぎへん
嫡	チャク	女	おんなへん
衷	チュウ	衣	ころも
弔	チョウ とむらう	弓	ゆみ
挑	チョウ いどむ	扌	てへん
眺	チョウ ながめる	目	めへん
釣	チョウ つる	金	かねへん
懲	チョウ こりる こらす こらしめる	心	こころ
勅	チョク	力	ちから
朕	チン	月	つきへん

◀ツ

漢字	読み	部首	部首名
塚	つか	土	つちへん
漬	つける つかる	氵	さんずい
坪	つぼ	土	つちへん

◀テ

漢字	読み	部首	部首名
呈	テイ	口	くち
廷	テイ	廴	えんにょう
邸	テイ	阝	おおざと
亭	テイ	亠	なべぶた けいさんかんむり
貞	テイ	貝	かい こがい
逓	テイ	辶	しんにょう しんにゅう
偵	テイ	亻	にんべん
艇	テイ	舟	ふねへん
泥	デイ どろ	氵	さんずい
迭	テツ	辶	しんにょう しんにゅう
徹	テツ	彳	ぎょうにんべん
撤	テツ	扌	てへん

◀ト

漢字	読み	部首	部首名
悼	トウ いたむ	忄	りっしんべん
搭	トウ	扌	てへん
棟	トウ むね むな	木	きへん
筒	トウ つつ	⺮	たけかんむり
謄	トウ	言	げん
騰	トウ	馬	うま
洞	ドウ ほら	氵	さんずい
督	トク	目	め
凸	トツ	凵	うけばこ
屯	トン	屮	てつ

◀ナ

漢字	読み	部首	部首名
軟	ナン やわらか やわらかい	車	くるまへん

見出し	漢字	読み	部首	部首名
◀ニ	尼	ニ あま	尸	かばね しかばね
	妊	ニン	女	おんなへん
	忍	ニン しのぶ しのばせる	心	こころ
◀ネ	寧	ネイ	宀	うかんむり
◀ハ	把	ハ	扌	てへん
	覇	ハ	襾	おおいかんむり
	廃	ハイ すたれる すたる	广	まだれ
	培	バイ つちかう	土	つちへん
	媒	バイ	女	おんなへん
	賠	バイ	貝	かいへん
	伯	ハク	亻	にんべん
	舶	ハク	舟	ふねへん
	漠	バク	氵	さんずい
	肌	はだ	月	にくづき
	鉢	ハチ ハツ	金	かねへん
	閥	バツ	門	もんがまえ
	煩	ハン ボン わずらう わずらわす	火	ひへん
	頒	ハン	頁	おおがい
◀ヒ	妃	ヒ	女	おんなへん
	披	ヒ	扌	てへん
	扉	ヒ とびら	戸	とだれ とかんむり
	罷	ヒ	罒	あみがしら あみめ よこめ
	猫	ビョウ ねこ	犭	けものへん
	賓	ヒン	貝	かい こがい
	頻	ヒン	頁	おおがい
	瓶	ビン	瓦	かわら
◀フ	扶	フ	扌	てへん
	附	フ	阝	こざとへん
	譜	フ	言	ごんべん
	侮	ブ あなどる	亻	にんべん
	沸	フツ わく わかす	氵	さんずい
	雰	フン	雨	あめかんむり
	憤	フン いきどおる	忄	りっしんべん
◀ヘ	丙	ヘイ	一	いち
	併	ヘイ あわせる	亻	にんべん
	塀	ヘイ	土	つちへん
	幣	ヘイ	巾	はば
	弊	ヘイ	廾	こまぬき にじゅうあし
	偏	ヘン かたよる	亻	にんべん
	遍	ヘン	辶	しんにょう しんにゅう
◀ホ	泡	ホウ あわ	氵	さんずい
	俸	ホウ	亻	にんべん
	褒	ホウ ほめる	衣	ころも
	剖	ボウ	刂	りっとう
	紡	ボウ つむぐ	糸	いとへん
	朴	ボク	木	きへん
	僕	ボク	亻	にんべん
	撲	ボク	扌	てへん
	堀	ほり	土	つちへん
	奔	ホン	大	だい

行	漢字	読み	部首	部首名
マ	麻	マ あさ	麻	あさ
	摩	マ	手	て
	磨	マ みがく	石	いし
	抹	マツ	扌	てへん
ミ	岬	みさき	山	やまへん
メ	銘	メイ	金	かねへん
モ	妄	モウ ボウ	女	おんな
	盲	モウ	目	め
	耗	モウ コウ	耒	すきへん らいすき
ヤ	厄	ヤク	厂	がんだれ

行	漢字	読み	部首	部首名
ユ	愉	ユ	忄	りっしんべん
	諭	ユ さとす	言	ごんべん
	癒	ユ いえる いやす	疒	やまいだれ
	唯	ユイ イ	口	くちへん
	悠	ユウ	心	こころ
	猶	ユウ	犭	けものへん
	裕	ユウ	衤	ころもへん
	融	ユウ	虫	むし
ヨ	庸	ヨウ	广	まだれ
	窯	ヨウ かま	穴	あなかんむり

行	漢字	読み	部首	部首名
ラ	羅	ラ	罒	あみがしら あみめ よこめ
	酪	ラク	酉	とりへん
リ	痢	リ	疒	やまいだれ
	履	リ はく	尸	かばね しかばね
	柳	リュウ やなぎ	木	きへん
	竜	リュウ たつ	竜	りゅう
	硫	リュウ	石	いしへん
	虜	リョ	虍	とらがしら とらかんむり
	涼	リョウ すずしい すずむ	氵	さんずい
	僚	リョウ	亻	にんべん

行	漢字	読み	部首	部首名
	寮	リョウ	宀	うかんむり
	倫	リン	亻	にんべん
ル	累	ルイ	糸	いと
	塁	ルイ	土	つち
レ	戻	レイ もどす もどる	戸	とだれ とかんむり
	鈴	レイ リン すず	金	かねへん
ワ	賄	ワイ まかなう	貝	かいへん
	枠	わく	木	きへん

おもな特別な読み、熟字訓・当て字

ア

小豆《あずき》
海女《あま》
海士《あま》
硫黄《いおう》
意気地《いくじ》
田舎《いなか》
息吹《いぶき》
海原《うなばら》
乳母《うば》
浮気《うわき》
浮《うわ》つく
笑顔《えがお》
叔父《おじ》
伯父《おじ》
乙女《おとめ》
叔母《おば》
伯母《おば》
お巡《まわ》りさん
お神酒《みき》
母屋《おもや》
母家《おもや》

カ

神楽《かぐら》
河岸《かし》
鍛冶《かじ》
風邪《かぜ》
固唾《かたず》
仮名《かな》
蚊帳《かや》
為替《かわせ》
玄人《くろうと》
心地《ここち》
居士《こじ》

サ

早乙女《さおとめ》
雑魚《ざこ》
桟敷《さじき》
差《さ》し支《つか》える
五月《さつき》
早苗《さなえ》
五月雨《さみだれ》
時雨《しぐれ》
尻尾《しっぽ》
竹刀《しない》

老舗《しにせ》
芝生《しばふ》
三味線《しゃみせん》
砂利《じゃり》
数珠《じゅず》
白髪《しらが》
素人《しろうと》
師走《しわす(しはす)》
数寄屋《すきや》
数奇屋《すきや》
相撲《すもう》

草履《ぞうり》

タ

山車《だし》
太刀《たち》
立《た》ち退《の》く
足袋《たび》
稚児《ちご》
築山《つきやま》
梅雨《つゆ》
凸凹《でこぼこ》
伝馬船《てんません》

投網《とあみ》
十重《とえ》二十重《はたえ》
読経《どきょう》

ナ

仲人《なこうど》
名残《なごり》
雪崩《なだれ》
野良《のら》
祝詞《のりと》

ハ

二十《はたち》

二十歳《はたち》
波止場《はとば》
日和《ひより》
吹雪《ふぶき》

マ

土産《みやげ》
息子《むすこ》
猛者《もさ》
紅葉《もみじ》
木綿《もめん》
最寄《もよ》り

ヤ

八百長《やおちょう》
大和《やまと》
弥生《やよい》
浴衣《ゆかた》
行方《ゆくえ》
寄席《よせ》

ワ

若人《わこうど》

模擬試験問題

解答は 24・25 ページ

制限時間 60分

合格点 160点

得点 ／200

1

次の――線の**漢字の読み**を**ひらがな**で記せ。

各1点 ／30

1 事故現場の復旧作業で徹宵する。

2 禍根を断つべき時が来た。

3 タンカーが岩礁に乗り上げた。

4 寡黙な父が珍しくはしゃいでいる。

5 景気の先行きに懸念を抱く。

6 いろいろ詮索されて困っている。

16 恐喝の疑いで逮捕する。

17 政党の派閥を解消する。

18 長い戦乱で国民が疲弊する。

19 多くの書物を渉猟する。

20 国債の発行が漸増している。

21 これまでの判例に倣う。

7 朝廷に対して謀反を起こす。

8 短冊に願い事をしたためる。

9 海に行って肌が褐色に焼けた。

10 年とともに涙腺が緩くなる。

11 お礼に一献差し上げたい。

12 終始謙遜した態度を示す。

13 彼が会議を主宰している。

14 もっと寛容な態度が必要です。

15 失敗に拘泥するな。

---

22 敵の追撃をなんとか阻む。

23 戦争の爪痕が残る町。

24 物の見方が偏っている。

25 水槽のメダカに餌をやる。

26 敵の実力は侮りがたい。

27 事実を矯めて伝える。

28 事件の詳細が定かではない。

29 常夏の島へ遊びに行く。

30 日差しに春の息吹が感じられる。

2

次の漢字の**部首**を記せ。

例 間（門）

1 衡
2 帝
3 凸
4 貢
5 款
6 弐
7 奔
8 暮
9 刃
10 畝

各1点 ／10

4

次の**四字熟語**について 問1 と 問2 に答えよ。

各2点 ／30

問1 次の**四字熟語**の（**1～10**）に入る適切な語を下の□の中から選び、**漢字二字**で記せ。

ア 内憂（ 1 ）
イ 粒粒（ 2 ）
ウ 精進（ 3 ）
エ 勧善（ 4 ）
オ 首尾（ 5 ）
カ（ 6 ）自若
キ（ 7 ）当千
ク（ 8 ）協同

いっかん
いっき
がいかん
かんわ
けいこう
けっさい
しんく
たいぜん

3

熟語の構成のしかたには次のようなものがある。

各2点 ／20

ア 同じような意味の漢字を重ねたもの （岩石）
イ 反対または対応の意味を表す字を重ねたもの （高低）
ウ 上の字が下の字を修飾しているもの （洋画）
エ 下の字が上の字の目的語・補語になっているもの （着席）
オ 上の字が下の字の意味を打ち消しているもの （非常）

次の熟語は、右の**ア～オ**のどれにあたるか、**一つ**選び、**記号**を記せ。

1 贈賄
2 媒介
3 妄想
4 慶弔
5 汎愛
6 無窮
7 吉凶
8 隠匿
9 酷似
10 遷都

模擬試験

ケ （ **9** ）休題
コ （ **10** ）牛後

ちょうあく
わちゅう

問2 次の**11～15**の**意味**にあてはまるものを問1の**ア～コ**の**四字熟語**から**一つ**選び、**記号**を記せ。

11 心を同じくしてともに力を合わせること。
12 肉食などをつつしみ、心身を清めること。
13 事が起きてもまったく動じないさま。
14 一人で千人を相手に戦えるほどの強さ。
15 初めから終わりまでひとつの方針・精神がつらぬかれていること。

5

次の**1～5**の**対義語**、**6～10**の**類義語**を後の□の中から選び、**漢字**で記せ。□の中の語は一度だけ使うこと。

各2点　/20

対義語

1 不足
2 極端
3 軽微
4 承諾
5 巧妙

類義語

6 平穏
7 懐柔
8 功名
9 失望
10 歳月

あんねい・かじょう・きょぜつ・しゅくん・じんだい・せいそう・せつれつ・ちゅうよう・らくたん・ろうらく

7

次の各文にまちがって使われている**同じ読みの漢字**が**一字**ある。**上**に**誤字**を、**下**に**正しい漢字**を記せ。

各2点　/10

1 加速する人口減少を防ぐため、市を挙げての企業誘置が真剣に検討されている。　（　　）［　　］

2 食料や水、毛布などの援助物資を登載した航空機が、被災地に向け離陸した。　（　　）［　　］

3 あの作家は、冬は気候温暖な土地で快的な日々を送りつつ執筆活動に従事している。　（　　）［　　］

4 停戦後の復興は目覚ましく、爆撃により寸断された補装道路も瞬く間に整備された。　（　　）［　　］

6

次の——線の**カタカナ**を**漢字**に直せ。

各2点 ／20

1 二列ジュウタイで整列する。

2 事故で道がジュウタイしている。

3 私には家族をフヨウする義務がある。

4 景気フヨウ策が望まれる。

5 書類はすべてオウシュウした。

6 両親はオウシュウ旅行に出発した。

7 部長がコウテツされた。

8 コウテツのように強い肉体。

9 ハきなれた靴で歩く。

10 玄関前をハくのが日課だ。

5 昨夜から凍結した雪道でのスリップ事故が賓繁に起こり、多くの人が危険を感じている。（　　）［　　］

8

次の——線の**カタカナ**を**漢字一字**と**送りがな（ひらがな）**に直せ。

各2点 ／10

例 問題にコタエル。（答える）

1 公務の執行をサマタゲル。

2 どんどん夢がフクラム。

3 父は電子機器にウトイ。

4 その日は仕事でイソガシイ。

5 多くの障害が行く手をサエギル。

9

次の――線の**カタカナ**を**漢字**に直せ。

各2点
/50

1 神社のユイショを尋ねる。

2 責任を他人にテンカする。

3 イチマツの寂しさが心に残る。

4 コウリョウとした風景が広がる。

5 物語がカキョウに入った。

6 衣料品がフッテイする。

7 大地の恵みをキョウジュする。

17 早朝からツりに出かける。

18 遊覧船でミサキを回る。

19 核開発は平和をオビヤかす。

20 本の間に手紙をハサむ。

21 コロアいを見計らって席を立つ。

22 代表選手のワクから外れる。

23 アセらないことが肝要だ。

24 寺の本堂でザコ寝する。

25 泣きっツラに蜂。

8 大好きな歌の**センリツ**を口ずさむ。

9 長年の望みが**ジョウジュ**する。

10 失敗談を**ヒロウ**する。

11 少しの**ユウズウ**もきかない男だ。

12 **エンコン**による犯行と見なされた。

13 **コツズイ**移植の手術をする。

14 アイスピックで氷を細かく**クダ**く。

15 休日のひとときを公園で**イコ**う。

16 和やかな雰囲気を**カモ**し出す。

模擬試験解答

1 読み

各1点

1. てっしょう
2. かこん
3. がんしょう
4. かもく
5. けねん
6. せんさく
7. むほん
8. たんざく
9. かっしょく
10. るいせん
11. いっこん
12. けんそん
13. しゅさい
14. かんよう

2 部首

各1点

1. 行
2. 巾
3. 山
4. 貝
5. 欠
6. 弋
7. 大
8. 日
9. 刀
10. 田

3 熟語の構成

各2点

1. エ
2. ア
3. ウ
4. イ
5. ウ
6. オ
7. イ
8. ア
9. ウ
10. エ

5 対義語・類義語

各2点

1. 過剰
2. 中庸
3. 甚大
4. 拒絶
5. 拙劣
6. 安寧
7. 籠絡
8. 殊勲
9. 落胆
10. 星霜

6 同音・同訓異字

各2点

1. 縦隊
2. 渋滞
3. 扶養
4. 浮揚
5. 押収
6. 欧州
7. 更迭
8. 鋼鉄
9. 履
10. 掃

9 書き取り

各2点

1. 由緒
2. 転嫁
3. 一抹
4. 荒涼
5. 佳境
6. 払底
7. 享受
8. 旋律
9. 成就
10. 披露
11. 融通
12. 怨恨
13. 骨髄
14. 砕

15 こうてい
16 きょうかつ
17 はばつ
18 ひへい
19 しょうりょう
20 ぜんぞう
21 なら
22 はば
23 つめあと
24 かたよ
25 えさ
26 あなど
27 た
28 さだ
29 とこなつ
30 いぶき

4 四字熟語

各2点

1 外患
2 辛苦
3 潔斎
4 懲悪
5 一貫
6 泰然
7 一騎
8 和衷
9 閑話／間話
10 鶏口
11 ク
12 ウ
13 カ
14 キ
15 オ

7 誤字訂正

各2点

	誤	正
1	置	致
2	登	搭
3	的	適
4	補	舗
5	賓	頻

8 漢字と送りがな

各2点

1 妨げる
2 膨らむ
3 疎い
4 忙しい
5 遮る

15 憩
16 醸
17 釣
18 岬
19 脅
20 挟
21 頃合
22 枠
23 焦
24 雑魚
25 面